geni@l

Deutsch als Fremdsprache für Jugendliche

Arbeitsbuch A1

von
Susy Keller
Maruska Mariotta
Theo Scherling

in Zusammenarbeit mit
Hermann Funk
Michael Koenig
Ute Koithan

Klett-Langenscheidt
München

Von Susy Keller, Maruska Mariotta und Theo Scherling

in Zusammenarbeit mit
Hermann Funk, Michael Koenig, Ute Koithan

Redaktion: Lutz Rohrmann
Layout: Andrea Pfeifer und Theo Scherling
Illustrationen: Theo Scherling und Stephen Bennett (Die Clique)
Umschlaggestaltung: Andrea Pfeifer unter Verwendung eines Fotos von White Star, Hamburg

Autoren und Verlag danken allen Kolleginnen und Kollegen, die geni@l erprobt, begutachtet sowie mit Kritik und wertvollen Anregungen zur Entwicklung des Lehrwerks beigetragen haben.

geni@l
Deutsch als Fremdsprache für Jugendliche

A1: Materialien

Kursbuch A1	606229	Lernglossar Deutsch-Italienisch A1	606239
CD zum Kursbuch	606232	Lernglossar Deutsch-Spanisch A1	606240
Arbeitsbuch A1	606230	Testheft A1	606235
CD zum Arbeitsbuch	606233	DVD A1	606227
Lehrerhandbuch A1	606231	Videotrainer A1	606228
Lernglossar Deutsch-Englisch A1	606237	CD-ROM A1	606234
Lernglossar Deutsch-Französisch A1	606238		

Symbole in geni@l A1:

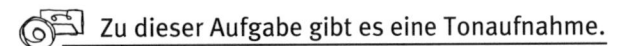

Zu dieser Aufgabe gibt es eine Tonaufnahme.

Hier soll ins Heft geschrieben werden.

Diese Aufgabe beschäftigt sich besonders mit der sprachlichen Form.

Hier gibt es im Lehrerhandbuch Hinweise für „Internetprojekte".

2 Die folgenden Aufgaben kann man nach Aufgabe 2 im Kursbuch bearbeiten.

Besucht auch unsere Homepage www.klett-langenscheidt.de/geni@l

1. Auflage 1[6] 5 4 3 2 | 2017 16 15 14 13

© Klett-Langenscheidt GmbH, München, 2013
Erstausgabe erschienen 2002 bei der Langenscheidt KG, München
Das Werk und seine Teile sind urheberrechtlich geschützt. Jede Verwertung in anderen als den gesetzlich zugelassenen Fällen bedarf deshalb der vorherigen schriftlichen Einwilligung des Verlages.

Gesamtherstellung: Print Consult GmbH, München

ISBN 978-3-12-606261-9

FSC MIX Papier aus verantwortungsvollen Quellen
FSC® C084279

INHALT

Einheit **1** 4
Einheit **2** 10
Einheit **3** 16
Einheit **4** 22
Einheit **5** 28

Testtraining 1–5 32

Einheit **6** 34
Einheit **7** 40
Einheit **8** 46
Einheit **9** 52
Einheit **10** 58

Testtraining 6–10 62

Einheit **11** 64
Einheit **12** 70
Einheit **13** 76
Einheit **14** 82
Einheit **15** 88

Testtraining 11–15 92

Das kann ich schon / Testtraining-Lösungen 94
Das kann ich schon / Testtraining-Auswertung 96
Quellen 96

Deutsch ist super

Klasse 7a, Scuola Media, Minusio

Marco Zappa

1 Deutsch ist super und nicht schwer,
2 hört mal zu, bitte sehr.

3 Gitarre, Trompete, Saxophon,
4 Computer, Radio und Telefon.

5 Tennis, Windsurfen, Basketball,
6 Trapez, Zylinder und Oval.

7 Salat, Hamburger, Makkaroni,
8 Elefant, Giraffe und Pony.

9 Präposition, Verb, Adjektiv,
10 Pistole, Killer und Detektiv.

11 Alles normal,
12 Deutsch ist super, international.

2

1 *Was* oder *wer*? Ergänze bitte.

1. W____ ist das? Das ist ein VW.
2. W____ ist das? Das ist eine Windkraftanlage.
3. W____ ist das? Das ist ein Computer.
4. W____ ist das? Das ist Cora.
5. W____ ist das? Das ist ein Basketball.
6. W____ ____ ____? Das ist Mozart.

2 Fragen und Antworten – *Ja, das ist … / Nein, das ist …*

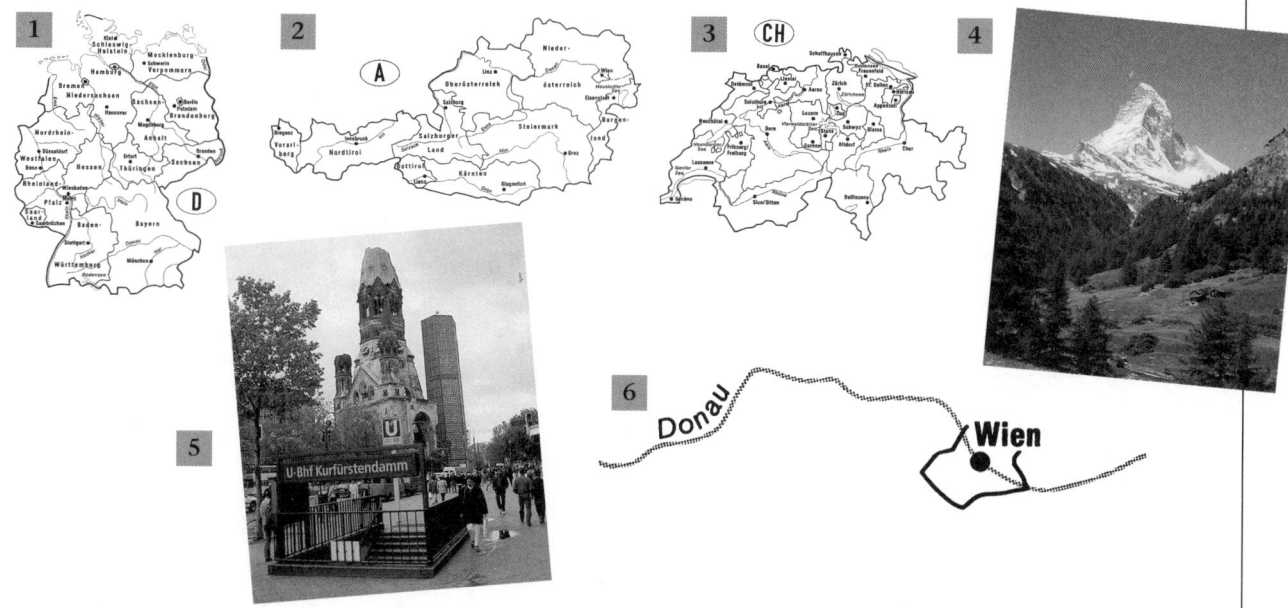

1. Ist das Deutschland?   Ja, das ist *Deutschland* .
2. Ist das die Schweiz?   Nein, das ist _____ .
3. Ist das Italien?   Nein, _____ .
4. Ist das das Matterhorn?   Ja, _____ .

3 Das Bild ist aus …

Nr. 4 ist aus _____   Nr. 5 ist aus _____   Nr. 6 _____

fünf 5

7

4 Ein Dialog – Höre zu und schreibe bitte.

Ich heiße Biene.

Und wer ist das?   Wie bitte?

Hallo, ich heiße Marco, und du?

Ja, sie heißt Turbo.

Das ist Turbo.

● Hallo _____
○ _____
● _____
○ _____
● _____
○ _____

5 Drei Dialoge – Ergänze bitte. Höre zur Kontrolle.

Dialog 1

● W ie____ heißt du?
○ W_____, ich?
● Ja, _____!
○ _____ heiße Cora, und _____?
● Boris.
○ Und w_____ ist das?
● _____ ist Biene.
○ W_____ bitte?
● Ja, _____ heißt Biene.

Dialog 2

gut – Danke – Wiedersehen – wie – Tag – Hallo

● _____, Sophie.
○ Guten _____, Frau Maier, _____ geht's?
● _____, gut, und dir?
○ Danke, auch _____.
   Auf _____, Frau Maier.
● Tschüs, Sophie.

6 sechs

Dialog 3

● Hallo, ich _____ Marco, und

w_____ _____ du?

○ Andreas.

● Und wer _____ das?

○ Das _____ Herr Killer.

● Wie bitte?

○ Ja, er _____ Killer, Tobias Killer.

6 Was passt wo?

Hallo – Tschüs – Auf Wiedersehen – Guten Tag – Guten Morgen – Gute Nacht – Bis bald

Begrüßen

Hallo
_____
_____
_____

Verabschieden

_____
_____
_____
_____

7 Buchstaben hören und Namen schreiben.

1. _____ 2. _____ 3. _____ 4. _____

8 Lies den Liedtext von S. 4. Was passt zusammen? Notiere die Liedzeilen.

Geometrie  Krimi  Grammatik  Zoo  Musik  Sport  Restaurant  Technik

6

9　Ein Kreuzworträtsel: Deutsch international – Ergänze bitte.

Bus – Post – Taxi – Sport – Toilette – Musik – Auto – Telefon – Tennis – Information

Lösungswort senkrecht: RESTAURANT

1. SPORT
2. TOILETTE
3. BUS
4. POST
5. TAXI
6. MUSIK
7. INFORMATION
8. AUTO
9. TELEFON
10. TENNIS

10　Texte und Fotos
a　Was passt zusammen?
b　Markiere internationale Wörter.

a　Text Nr. _____
b　Text Nr. _____
c　Text Nr. _____

1　Elefantenbaby im Zoo Zürich

Der Zürcher Zoo hat einen neuen Star: ein asiatisches Elefantenbaby! Es ist am Samstag, um 5.34 Uhr auf die Welt gekommen und wiegt 140 Kilogramm. Das Elefantenbaby hat im Zoo Zürich eine große Familie: die 25-jährige Mama Ceyla-Himali, Vater Maxi und die Tanten Druk und Chukha. Wie heißt der Kleine? Das darf das Publikum entscheiden. Wer hat eine Idee für einen sympathischen Namen?

2　Legoland-Zug

Ein Zug aus Lego! Der größte Legozug der Welt steht in London und ist ein originalgetreues Modell des Pendolino-Zuges. Der Legozug ist 6 Meter lang und enthält 1,5 Millionen Legosteine. 15 Modellbauer haben zirka 10 Wochen an der Konstruktion des Zuges gearbeitet. Was sonst noch speziell ist? Die Sitze vibrieren und im Zug gibt es Videoscreens für die Passagiere!

3　Internationale Fahrrad- und Motorrad-Expo

250 Firmen präsentieren in Graz auf der internationalen Expo Motorräder, Roller, Mofas, Bikes, Accessoires und Bekleidung: über 1000 renommierte Marken und Modelle. Und als Premiere „Bike-Indoor", eine extra Halle für Velofreaks, mit Testparcours, Rekordversuchen, Autogrammstunden und einer großen Biker-Party.

4　Jugend-Solar-Börse

„Let's go solar!" Mit diesem Slogan sucht Greenpeace auch dieses Jahr Jugendliche für Solarprojekte. Interessierte Schulklassen oder Jugendgruppen können während zwei Tagen eine Solaranlage installieren oder während einer Projektwoche einen Sonnenkollektor konstruieren.
Infos über www.greenpeace.ch

DAS KANN ICH SCHON

1 Ich kann mit *wer/was/wie* fragen. ☺ 😐 ☹

1. ● _____ heißt du?   ○ Erika.
2. ● _____ ist das?   ○ Ein Auto.
3. ● _____ ist das?   ○ Rudolf.

2 Ich kann Dialoge ergänzen. ☺ 😐 ☹

Hallo – Danke – Wiedersehen – Tag – Tschüs – wie – gut

● _____, Erika!   ○ Guten _____, Frau Raab, _____ geht's?
● _____, gut, und dir?   ○ Danke, auch _____.
● Auf _____, Frau Raab!   ○ _____, Erika.

Ich vergleiche meine Lösungen auf Seite 94. Mein Ergebnis: ☺ 😐 ☹

DAS FINDE ICH IN EINHEIT 1

1 Fragen und Antworten

W-Frage

Position 1	Position 2	
Wer	(ist)	das?
Was	(ist)	das?
Wie	(heißt)	du?

Antwort (Aussagesatz)

Position 1	Position 2	
Das	ist	Cora.
Das	ist	ein VW.
Ich	heiße	Peter.

Ja/Nein-Frage

Position 1	Position 2	
(Magst)	du	Sport?
(Ist)	das	Turbo?

Antwort (Aussagesatz)

	Position 1	Position 2	
Nein,	ich	mag	Musik.
Ja,	das	ist	Turbo.

2 Nomen und Namen

Nomen und Namen schreibt man groß: Sport, Abend, Musik, Foto – Turbo, Biene, Müller

3 Begrüßungen und Verabschiedungen

Hallo.   Tschüs. / Tschau. / Bis bald.
Guten Morgen/Tag/Abend.   Auf Wiedersehen.
                                Gute Nacht.

neun 9

Das Sprachgenie

Panel 1: Ich kann Englisch, Französisch, Italienisch, Portugiesisch, Spanisch,... — ??

Panel 2: ...Norwegisch, Finnisch, Türkisch, und sogar Arabisch und Japanisch! — PFF!

Panel 3: Dann hör doch mal zu: Restaurant, Sauna, Computer,... Safari, Pizza,

Panel 4: ...Ananas, Joghurt, Karaoke, Slalom, Macho,... — Das kann ich auch, das ist doch Deutsch!

Panel 5: Aber auch Englisch, Französisch, Italienisch, Spanisch, Portugiesisch, Norwegisch, Finnisch, Türkisch, Arabisch, und Japanisch, du Idiot!

Alle Comics von: Marwan, Fiona, Leandro, Valentina und Manuel

8

1 Wer wohnt wo? Wer kommt woher? Lies den Text und ergänze die Tabelle. Ein Hobby von Jan steht nicht im Text. Wie heißt es?

Ich heiße Jan. Ich wohne mit meiner Mutter Alexandra in Gudo, in der Schweiz. Mein Vater Fredj wohnt in Locarno. Meine Mutter kommt aus Kiel, in Norddeutschland, Fredj aus Basel. Ich kann Deutsch und Italienisch. Ich habe viele Hobbys: Ich schwimme, surfe und fische. Außerdem koche ich gern: Meine Spezialität ist Pizza. Ich mag auch Tiere. Ich habe einen Hund. Er heißt Bilbo und ist schon 14 Jahre alt, ein Jahr älter als ich.

	wohnt in …	kommt aus …	Das Hobby steht nicht im Text:
Jan		Gudo	
Alexandra			
Fredj			

2 Verbformen – Markiere in Aufgabe 1 die Verben. Ergänze die Tabelle.

Infinitiv	ich	er/es/sie	deine Sprache
1. heißen	heiße		
2. wohnen			
3. kommen			
4. können			
5. haben			
6. kochen			
7. sein			
8. mögen			

elf 11

13

3 Der Comic auf Seite 10 ist von Marwan, Fiona, Leandro, Valentina und Manuel. Marwan, Fiona und Manuel – Lies die Informationen. Schreibe sie in die Tabelle.

Marwan ist Schweizer. Sein Name kommt aber aus dem Libanon. Er mag Tiere. Sein Hund heißt Daisy und seine Katzen Tofi und Tara. Er spricht ein wenig Deutsch, aber er kann sehr gut Italienisch.

Fiona kann sehr gut Spanisch und Deutsch. Sie ist 13 Jahre alt und kommt aus Argentinien, aus Buenos Aires. Sie wohnt aber nicht in Südamerika. Sie liebt Tiere, wie Marwan, und hat eine Katze. Sie heißt Schogun.

Er kommt aus der Dominikanischen Republik. Das ist eine Insel in der Karibik. Er kann Spanisch, wie Fiona. Manuel mag Rap-Musik und er ist ein großer Fan von Inter Mailand.

Er/Sie heißt	kommt aus	mag/liebt	kann
Marwan			
Fiona			
Manuel			
Valentina			
Leandro			Schlagzeug spielen

4 Valentina und Leandro – Höre zu und ergänze die Tabelle von Aufgabe 3.

5 Internationale Wörter im Comic – Woher kommen die Wörter? Ergänze bitte.

Japanisch	K a r a o k e	Norwegisch	_ _ _ _ _ _
Französisch	_ _ _ _ _ _ _ _ _ _	Finnisch	_ _ _ _ _
Italienisch	_ _ _ _ _	Türkisch	_ _ _ _ _ _ _
Portugiesisch	_ _ _ _ _ _	Arabisch	_ _ _ _ _ _
Englisch	_ _ _ _ _ _ _ _ _	Spanisch	_ _ _ _ _

19

6 Hauptstädte und Länder

Hier sind 12 Ländernamen auf Deutsch.
Schreibe die Ländernamen zu den Hauptstädten.

C	Ö	S	T	E	R	R	E	I	C	H	Z
G	R	I	E	C	H	E	N	L	A	N	D
I	P	O	R	T	U	G	A	L	Z	R	F
T	S	P	A	N	I	E	N	J	L	U	B
A	F	I	N	N	L	A	N	D	Y	S	W
L	J	N	O	R	W	E	G	E	N	S	Z
I	T	Z	S	C	H	W	E	I	Z	L	K
E	S	J	N	T	Ü	R	K	E	I	A	O
N	D	E	U	T	S	C	H	L	A	N	D
F	R	A	N	K	R	E	I	C	H	D	J

Hauptstadt   Land   Hauptstadt   Land

Athen   _____   Paris   _____

Lissabon   _____   Moskau   _____

Madrid   _____   Bern   _____

Helsinki   _____   Rom   _____

Wien   _____   Berlin   _____

Oslo   _____   Ankara   _____

7 Wortakzent – Höre zu und markiere den Akzent.

Tür**kei** – Spanien – Österreich – Frankreich – Finnland – Schweden – Russland – Indien – Polen

8 Ländernamen – Höre zu. Schreibe die Buchstaben. Wie heißt das Land?

Buchstaben   Land   Buchstaben   Land

1. r a c h e i r n k f   Frankreich   5. _____   _____

2. _____   T   6. _____   _____

3. _____   Th   7. _____   _____

4. _____   _____   8. _____   _____

dreizehn 13

22

9 Informationen über Biene

a Schreibe die W-Fragen und die Antworten wie im Beispiel.

Wer	ist/sind …	Boris, Biene, Cora, Rudi, Turbo
Wie alt	spielt …	die Jüngste im Team
Wie	kommt …	13
Woher	mag …	aus Hamburg
Was	kann …	Musik
		Klavier und Flöte
		Kaffee und Tee kochen
		schön und cool
		Sport

1. Wer _sind die „Fantastischen Fünf"?_   _Das sind Boris, Biene, Cora, Rudi und Turbo._
2. Wie alt _____   _____
3. Wie _____   _____
4. Woher _____   _____
5. Was _____   _____

b Schreibe noch mehr Fragen und Antworten. Kontrolliere im Unterricht.

DAS KANN ICH SCHON

1 Ich kann mit *wie/wo/woher* fragen.   ☺ 😐 ☹

1. ● _____ wohnst du?   ○ In Berlin.
2. ● _____ kommt sie?   ○ Aus Griechenland.
3. ● _____ bitte?   ○ Aus Griechenland, aus Athen.

2 Ich kann die Verben *sein/wohnen/haben/können* konjugieren.   ☺ 😐 ☹

ich bin
du bist

Ich vergleiche meine Lösungen auf Seite 94. Mein Ergebnis: ☺ 😐 ☹

14 vierzehn

DAS FINDE ICH IN EINHEIT 2

1 Personalpronomen und Verben (Singular)

Regelmäßige Verben

Infinitiv		wohnen	kommen	spielen	heißen
1. Person	ich	wohn/e	komm/e	spiel/e	heiß/e
2. Person	du	wohn/st	komm/st	spiel/st	heiß/t ⚠
3. Person	er/es/sie	wohn/t	komm/t	spiel/t	heiß/t

Unregelmäßige Verben

Infinitiv		sein	haben	mögen	können
1. Person	ich	**bin**	habe	mag	kann
2. Person	du	**bist**	hast	ma**gst**	kann**st**
3. Person	er/es/sie	**ist**	hat	mag	kann

2 W-Fragen

Wo wohnt Monika?   Sie wohnt in Nürnberg. / In Nürnberg.
Woher kommt Markus?   Er kommt aus Köln. / Aus Köln.
Wo liegt Graz?   Graz liegt in Österreich. / In Österreich.

woher? **kommen** **aus**

wo? **wohnen** **in**

Wie alt bist du?   Ich bin 12 Jahre alt.
                         Ich bin 12.
                         12.

Wie alt ist der Junge?   Er ist 13 Jahre alt.
                         Er ist 13.
                         13.

Wie heißt der Junge?   Er heißt Markus.
                         Markus.

Was kann er?   Er kann fotografieren und
                         Gitarre spielen.
                         Fotografieren und
                         Gitarre spielen.

Was mag er?   Er mag Musik.
                         Musik.

fünfzehn 15

Artikel-Bilder

der

der Ball
der Bleistift
der Radiergummi
der Marker
der Spitzer

Sarita

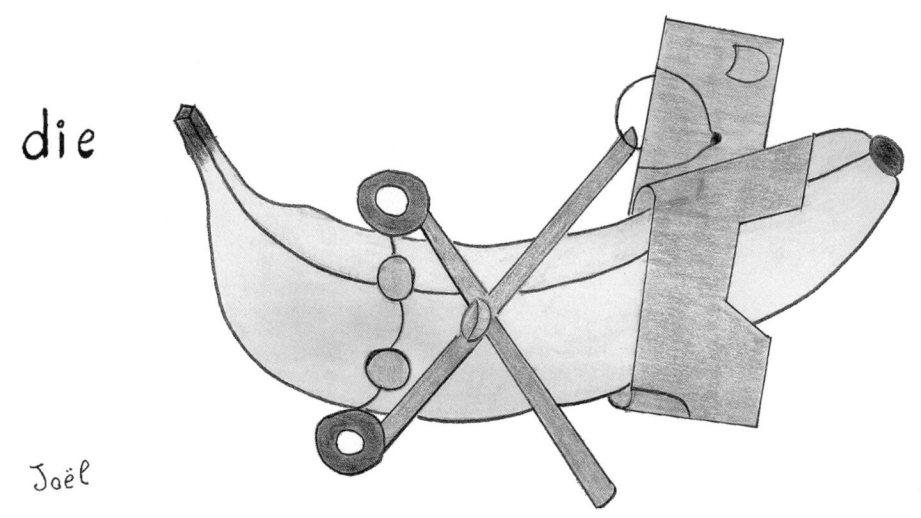

das

das Buch
das Mäppchen
das Pausenbrot
das Handy
das Lineal

Marco

die

die Banane
die Schultasche
die Brille
die Schere
die Turnhose

Joël

Bilder von: Sarita, Marco, Joël (Scuola Media Viganello)

3

1 Kreuzworträtsel – Was ist in der Schultasche?

```
 1 | S |   |   |   |   |   |   |   |
 2 | C |   |   |   |   |   |
3    |   |   |   |   | H |   |   |
4    |   |   |   |   | U |   |   |
         5 |   |   | L |   |   |   |
      6 |   |   |   | T |   |   |
         7 |   |   | A |   |
      8 |   |   |   | S |   |   |
      9 |   |   |   | C |
     10 |   |   |   | H |
     11 |   |   |   | E |   |   |   |   |
```

2 Was ist das? – Schreibe bitte die Wörter.

1. TORBNESUAP _____
2. YDNAH _____
3. ELLIRB _____
4. LETUEBDLEG _____
5. ETRAKRHAF _____
6. NAMCSID _____
7. RHU _____
8. EDALOKOHCS _____

3 Welches Wort passt nicht? Markiere wie im Beispiel.

1. Wörterbuch – Heft – Konzert – Deutschbuch – Vokabelheft
2. Bleistift – Kuli – Füller – Klavier – Marker
3. Radiergummi – Lineal – Spitzer – Schere – Tiere
4. Turnhose – CD – Mäppchen – Schultasche – Filmstar
5. Italien – Deutschland – Frankreich – Griechenland – Japan
6. Film – Konzert – Jazz – Flöte – Klavier

siebzehn **17**

12

4 Der-das-die-Lied – Ergänze die Nomen mit Artikel. Höre zu und kontrolliere.

DER, die, das, <u>der Spitzer</u>, der Name, der Pass.
DER, das, die, der Lehrer, _____, der Kuli.

DIE, das, der, _____, die Tasche, die Scher'.
DIE, der, das, _____, die Schule, die Klass'.

DAS, die, der, das Foto, _____, das Meer.
DAS, der, die, _____, das Buch, das Genie.

5 Schulsachen und andere Sachen – Ergänze die Wörter. Seite 16 hilft.

der	das	die
der R a _ _ _ g _ _ i	das B _ _ _ _	die B a _ _ _ _ _
der S p _ _ _ e _	das M ä _ _ _ _ _ n	die T _ _ h _ _ _
der M _ k _ _	das L _ _ a _	die S c _ _ _ _ _
der B _ e _ s _ _ _	das H _ _ y	die S _ u _ _ a _ _ _ _
der B _ _ _	das P a _ _ e _ b _ _	die B _ _ _ _ _

6 Ist das ein/eine ...? – Ergänze die Sätze wie im Beispiel.

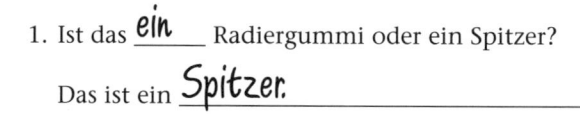

1. Ist das <u>ein</u> Radiergummi oder ein Spitzer?
   Das ist ein <u>Spitzer.</u>

2. Ist das <u>e</u>___ Bleistift oder <u>e</u>___ Kuli?
   Das ist ein _____

3. Ist das _____ Brille oder _____ Schere?
   Das _____

4. Ist das _____ Marker oder _____ Mäppchen?
   _____

5. Ist das _____ Heft oder _____ Wörterbuch?
   _____

18

7 *Nein, das ist doch kein/keine ...* – Höre zu.
Schreibe Fragen und Antworten.

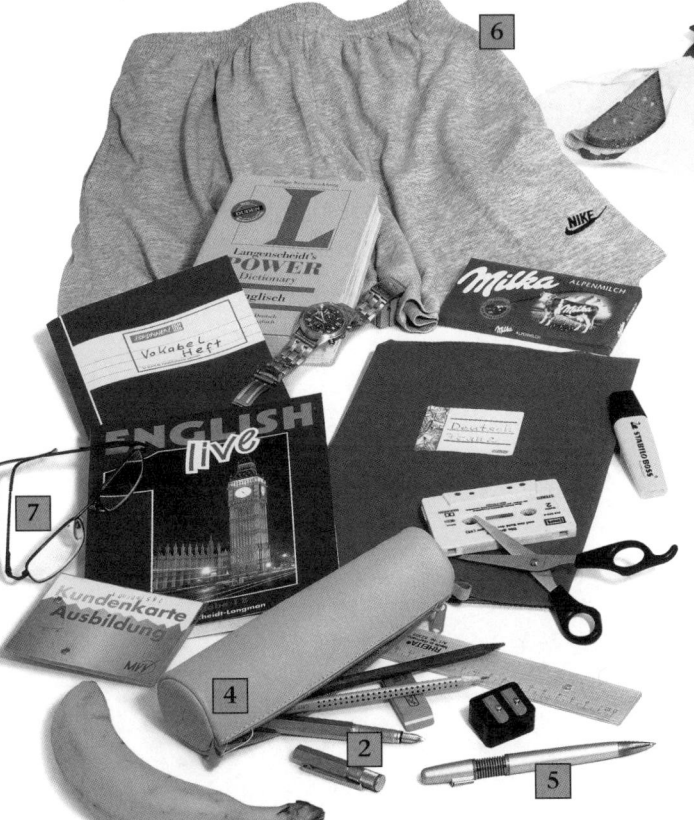

– Ist Nr. 2 ein Kuli?
– Nein, das ist doch kein Kuli, das ist ein Füller.

8 Fragen und Antworten – Ergänze die W-Fragen.
Schreibe Antworten wie im Beispiel.

wo – wer – wer – woher – was – was

Boris – eine Banane – filmen – in Kassel – ~~Cora~~ – aus Russland

1. _____ kann Spaghetti kochen? Cora kann Spaghetti kochen.

2. _____ spielt Fußball? _____

3. _____ ist in der Schultasche? In der _____

4. _____ wohnt Monika? Monika _____

5. _____ kommt Vladimir? Vladimir _____

6. _____ macht Monika gern? Monika _____

9 Schreibe die Fragen und Antworten.

1. Aquarium? — Ist das ein Aquarium?
   Nein, das ist ein Computer.

2. Wörterbuch? —
   Ja, das ist _____ .

3. Deutschbuch? —

4. Handy? —

5. Fahrrad? —

6. Füller? —

10 Ja/Nein-Fragen und W-Fragen – Ergänze die Fragen.

wie – wie – hat – magst – kannst – wohnst – wo – was – kann – kommst

1. _____ du in Berlin?
2. _____ er kein Deutschheft dabei?
3. _____ du Spaghetti?
4. _____ du kochen?
5. _____ du mit ins Konzert?
6. _____ heißt das auf Deutsch?
7. _____ ist das?
8. _____ Eric schwimmen?
9. _____ alt ist Biene?
10. _____ wohnst du?

11 Schreibe 3 W-Fragen und 3 Ja/Nein-Fragen. Kontrolliere in der Klasse.

wo – was – woher • wohnen – kommen – können

W_____?   _____?
W_____?   _____?
W_____?   _____?

20 zwanzig

3

DAS KANN ICH SCHON

1 Ich kann nach Informationen fragen: W-Frage und Ja/Nein-Frage. ☺ ☺ ☹

1. _____ Peter? Er wohnt in Deutschland.
2. _____ in Spanien? Nein, Maria wohnt in Italien.

2 Ich kenne den bestimmten und unbestimmten Artikel und *kein*. ☺ ☺ ☹

bestimmter Artikel	unbestimmter Artikel	kein
_____ Elefant	_____ Fernseher	_____ Fußball
_____ Haus	_____ Bild	_____ Geld
_____ Gesamtschule	_____ Brille	_____ Information

Ich vergleiche meine Lösungen auf S. 94. Mein Ergebnis: ☺ ☺ ☹

DAS FINDE ICH IN EINHEIT 3

1 Nomen – bestimmter/unbestimmter Artikel und *kein*.

Es gibt drei bestimmte Artikel: der, das, die.

bestimmter Artikel	der Elefant	das Auto	die Blume
unbestimmter Artikel	ein Elefant	ein Auto	eine Blume
Verneinung	kein Elefant	kein Auto	keine Blume

2 W-Frage und Ja/Nein-Frage

		1	2	
W-Frage		Wo	(wohnt)	Peter?
Antwort (Aussagesatz)		Peter	(wohnt)	in England.
Ja/Nein-Frage		(Wohnt)	Peter	in Italien?
Antwort (Aussagesatz)	Nein,	Peter	(wohnt)	in England.

W-Frage und Aussagesatz: Das Verb steht auf Position 2.
Ja/Nein-Frage: Das Verb steht auf Position 1.

einundzwanzig **21**

Ticktack

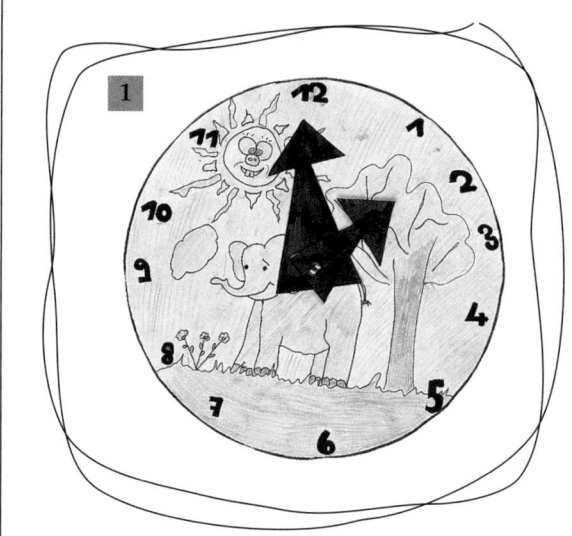

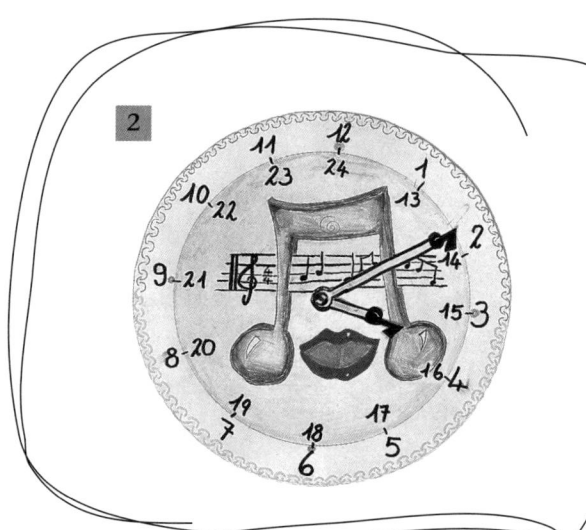

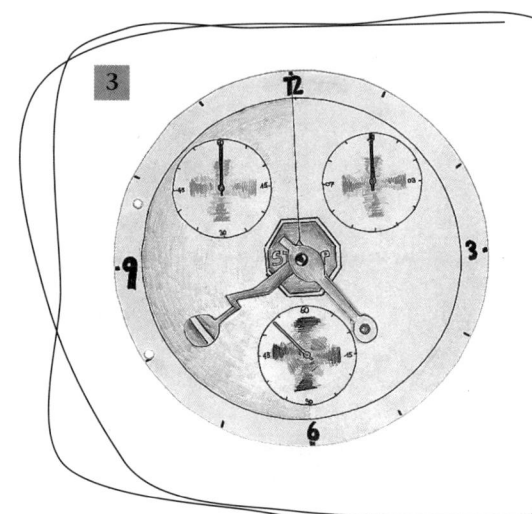

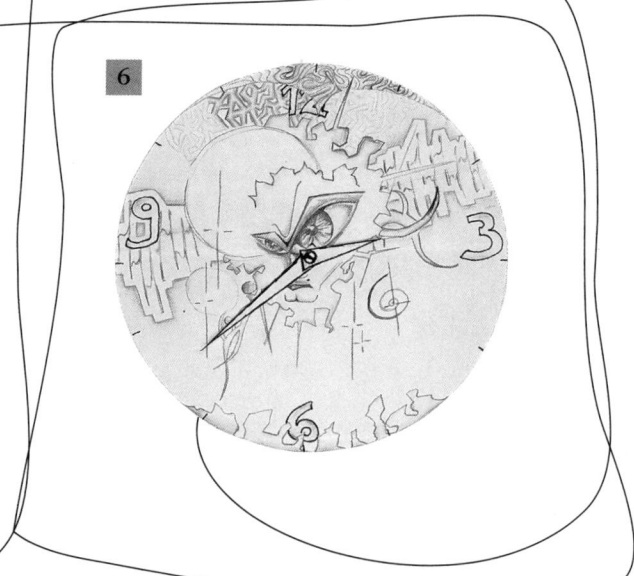

Uhren von: Klasse 7C, Scuola Media Bedigliora

22 zweiundzwanzig

1 Goetheschule – Ergänze bitte den Text. Die Seite 24 im Kursbuch hilft.

Die Goetheschule ist ein __Gymnasium__ für die _____ fünf bis _____. Die Schule liegt in der Stadt _____ und ist sehr groß. Sie hat über 1000 _____, 52 _____ und 75 _____. Die _____ heißt Margitta Thümer. Der Unterricht beginnt um _____ und ist nach der 6. _____, um _____ zu Ende. In der Schule gibt es zwölf _____-AGs. Die _____ können zum Beispiel rudern, schwimmen, aber auch Fußball, Basketball oder Volleyball _____. Auch die _____ sind interessant: Es gibt z. B. eine Informatik-AG. Wer Musik mag, kann im _____ singen oder im _____ spielen. Es gibt auch eine _____ mit vielen Infos über die Goetheschule.

2 Ein Brief und eine E-Mail (S. 24) – Lies und ordne die Fotos von Seite 24 zu.
a Der Brief von Sara.

Lieber David,

hier sind ein paar Fotos und Informationen über unsere Schule. Die Fotos zeigen ein Klassenzimmer, einen Computerraum (wir haben aber zwei) und Schülerinnen aus meiner Klasse im Schulhof. Ich bin auch auf dem Foto: Ich bin das Mädchen in der Mitte (mit X markiert).

Unsere Schule hat 380 Schüler und 40 Lehrer. Wir lernen schon in der Grundschule Französisch und ab Klasse 7 Deutsch. Ab Klasse 8 können wir Latein wählen und Englisch ab Klasse 9. In Klasse 9 können wir auch andere Fächer wählen: Bio, Musik und Kunst.

Es gibt in der Schule eine Mensa: Wir beginnen nämlich morgens um acht Uhr und haben jeden Tag bis Viertel nach vier Unterricht, außer am Samstag und am Mittwochnachmittag, da haben wir frei. Wann habt ihr frei? Wie viele Stunden Unterricht habt ihr pro Woche? Wir haben 33, davon sind 14 Sprachunterricht (Muttersprache + Fremdsprachen). Wie viele Stunden Sprachunterricht habt ihr in Italien? Gibt es in deiner Schule einen Computerkurs? Wir können fast in jedem Fach am Computer arbeiten, aber wir haben keinen Kurs.

Herzliche Grüße

Sara

PS: Hast du eine E-Mail-Adresse? Meine ist: Sara.L@bluwin.ch

b Die E-Mail von David.

Betreff: Schulinfos

Liebe Sara,
danke für deinen Brief und die Fotos. Natürlich habe ich eine E-Mail-Adresse. Ich maile dir auch gleich meinen Stundenplan: Da findest du alle Antworten auf deine Fragen.

Zeit	Montag	Dienstag	Mittwoch	Donnerstag	Freitag	Samstag
08.20-09.10	Deutsch	Sport	Bio	Deutsch	Mathe	Englisch
09.10-10.00	Deutsch	Sport	Bio	Musik	Mathe	Italienisch
10.00-10.50	Geo	Geschichte	Italienisch	Musik	Chemie	Italienisch
11.20-12.10	Mathe	Geschichte	Italienisch	Physik	Geo	Geschichte
12.10-13.00	Mathe	Kunst	Englisch	Mathe	Italienisch	
13.00-13.50	Foto	Kunst	Englisch	Sport	Computer	

Ich mache auch einen Fotokurs. Wir haben in der Schule eine Digitalkamera. Damit kann man tolle Fotos machen und per E-Mail an Freunde schicken. Ich maile dir drei Fotos. Zwei Fotos zeigen Aktivitäten (Malen und Werken) unserer Projektwoche und ein Foto zeigt den Computerkurs (**x** Das bin ich.).

Viele Grüße
David

a Fotos von Sara: _____   b Fotos von David: _____

3 Schreibe zu jedem Foto ein Wort aus dem Brief oder der E-Mail.

1 Computerkurs   2 _____   3 _____
4 _____   5 _____   6 _____

4 Fragen und Antworten – Schreibe Saras Fragen. Im Stundenplan von David sind die Antworten.

Fragen

Wann habt ihr frei?

Antworten

18

5 Was hörst du? Höre zu und markiere die Zahlen.

15 – 5 – 13 – 31 – 51 – 16 – 27 – 73 – 32 – 11 – 45 – 67 – 84 – 6

6 Die Uhren von Seite 22 – Höre zu und notiere die Uhrzeiten. Welche Uhr passt?

Uhrzeit	Uhr Nr.		Uhrzeit	Uhr Nr.
a) 15.10		d)		
b)		e)		
c)		f)		

25

7 Wie viele? – Schreibe auf wie im Beispiel.

16, 12, 31, 8, 7, 5, 24, 9

zwölf Katzen

8 Plural – Schreibe die Nomen zur passenden Pluralendung.

das Orchester – die Freundin – das Tier – die Sprache – der Schüler – die Stunde – der Ruderclub – die Information – das Fach – das Wort – die Schule – das Foto – das Lineal – die Party – der Dialog – der Bleistift – der Chor – die Lehrerin – der Direktor

Pluralendung	Nomen im Plural
(ä/ö/ü) —	*die Orchester,*
-s	
-n	
-(n)en	
(ä/ö/ü) -er	
(ä/ö/ü) -e	

DAS KANN ICH SCHON

1 Ich kann die Uhrzeit sagen.

1. _____   2. _____   3. _____

2 Ich kann bis 100 zählen und kann diese Zahlen schreiben.

4 – 12 – 18 – 20 – 30 – 35 – 67 – 100

3 Ich kann diese Verben konjugieren.

spielen – sein – haben – können

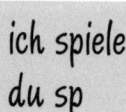

ich spiele
du sp

Ich vergleiche meine Lösungen auf Seite 94. Mein Ergebnis ist:

26 sechsundzwanzig

DAS FINDE ICH IN EINHEIT 4

1 Die Zahlen von 0 bis 100

0 null	7 sieben	13 dreizehn	20 zwanzig	21 einundzwanzig
1 eins	8 acht	14 vierzehn	30 dreißig	34 vierunddreißig
2 zwei	9 neun	15 fünfzehn	40 vierzig	45 fünfundvierzig
3 drei	10 zehn	16 sechzehn	50 fünfzig	56 sechsundfünfzig
4 vier	11 elf	17 siebzehn	60 sechzig	67 siebenundsechzig
5 fünf	12 zwölf	18 achtzehn	70 siebzig	...
6 sechs		19 neunzehn	80 achtzig	
			90 neunzig	100 (ein)hundert

2 Die Uhrzeit

inoffiziell

Viertel nach acht.
Fünf vor halb zehn.
Zehn vor elf.
Fünf vor zwölf.

offiziell

8:15	acht Uhr fünfzehn
9:25	neun Uhr fünfundzwanzig
10:50	zehn Uhr fünfzig
23:55	dreiundzwanzig Uhr fünfundfünfzig

3 Die Wochentage und Tageszeiten

Montag – Dienstag – Mittwoch – Donnerstag – Freitag – Samstag – Sonntag

Montagvormittag – Montagnachmittag – Mittwochabend – Mittwochnacht

Am Montag habe ich **um** zehn Uhr Mathe und **am** Dienstag schon **um** acht.

4 Personalpronomen und Verben (Plural) → Singular S. 15

Regelmäßige Verben

	Infinitiv:	wohnen	heißen
	wir	wohnen	heißen
	ihr	wohnt	heißt
	sie/Sie	wohnen	heißen

Unregelmäßige Verben

	Infinitiv:	sein	haben	mögen	können
	wir	sind	haben	mögen	können
	ihr	seid	habt	mögt	könnt
	sie/Sie	sind	haben	mögen	können

5 Nomen: Pluralformen

(ä/ö/ü) —	die Orchester – Lehrer	-(n)en	die Informationen – Lehrerinnen
-s	die Clubs – Partys	(ä/ö/ü) -er	die Kinder – Wörter – Fächer
-n	die Schulen – Stunden	(ä/ö/ü) -e	die Bleistifte – Lineale – Chöre

siebenundzwanzig 27

Mein Alphabet

Carmen aus Madrid

A a	B b	C c	CH ch	D d	E e
a	be	se	che	de	e
F f	G g	H h	I i	J j	K k
efe	ge	hache	i	jota	ka
L l	LL ll	M m	N n	Ñ ñ	O o
ele	elle	eme	ene	enye	o
P p	Q q	R r	RR rr	S s	T t
pe	cu	ere	erre	ese	te
U u	V v	W w	X x	Y y	Z z
u	be	doble be	equis	i griega	zeta

Anwar aus Tunis

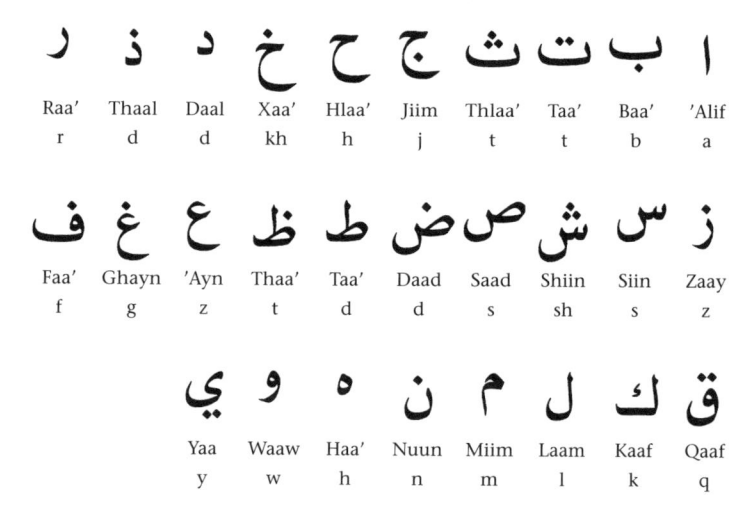

ا ب ت ث ج ح خ د ذ ر
'Alif Baa' Taa' Thlaa' Jiim Hlaa' Xaa' Daal Thaal Raa'
a b t t j h kh d d r

ز س ش ص ض ط ظ ع غ ف
Zaay Siin Shiin Saad Daad Taa' Thaa' 'Ayn Ghayn Faa'
z s sh s d t z z g f

ق ك ل م ن ه و ي
Qaaf Kaaf Laam Miim Nuun Haa' Waaw Yaay
q k l m n h w y

Ehud aus Tel Aviv

ט ח ז ו ה ד ג ב א
Tet Chet Zayin Vav He Dalet Gimel Bet Alef
(T) (CH) (Z) (V/O/U) (H) (D) (G) (B/V) (Silent)

ס נ ן מ ם ל כ ך י
Samech Nun Nun Mem Mem Lamed Khaf Kaf Yod
(S) (N) (N) (M) (M) (L) (Kh) (K/Kh) (Y)

ת ש ר ק ץ צ ף פ ע
Tav Shin Resh Qof Tzade Tzade Fe Pe Ayin
(T/S) (Sh/S) (R) (Q) (Tz) (Tz) (F) (P/F) (Silent)

Irina aus Moskau

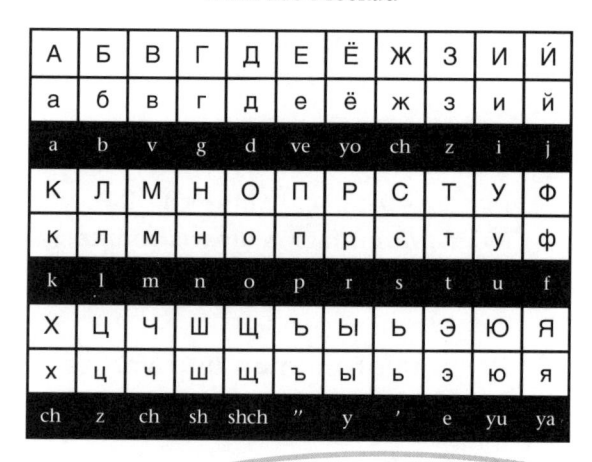

А	Б	В	Г	Д	Е	Ё	Ж	З	И	Й
а	б	в	г	д	е	ё	ж	з	и	й
a	b	v	g	d	ve	yo	ch	z	i	j
К	Л	М	Н	О	П	Р	С	Т	У	Ф
к	л	м	н	о	п	р	с	т	у	ф
k	l	m	n	o	p	r	s	t	u	f
Х	Ц	Ч	Ш	Щ	Ъ	Ы	Ь	Э	Ю	Я
х	ц	ч	ш	щ	ъ	ы	ь	э	ю	я
ch	z	ch	sh	shch	"	y	'	e	yu	ya

Alexis aus Athen

Α	Β	Γ	Δ	Ε	Ζ	Η	Θ
α	β	γ	δ	ε	ζ	η	θ
alpha a	beta b	gamma g	delta d	epsilon e	zeta z	eta ē	theta th
Ι	Κ	Λ	Μ	Ν	Ξ	Ο	Π
ι	κ	λ	μ	ν	ξ	ο	π
jota i	kapa k	lamda l	mi m	ni n	xi x	omikron o	pi p
Ρ	Σ	Τ	Υ	Φ	Χ	Ψ	Ω
ρ	σ	τ	υ	φ	χ	ψ	ω
rho r	sigma s	tau t	ypsilon y	phi ph	chi ch	psi ps	omega ō

Und das ist mein Alphabet!

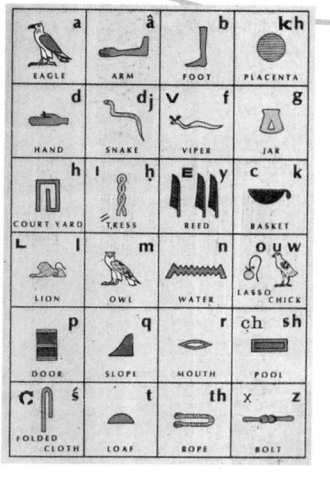

5

1 **Vergleiche die Alphabete. Wie viele Buchstaben haben sie?**

1 2 3 4 5 6 7 8 9 10 11 12 13 14 15 16 17 18 19 20 21 22 23 24 25 26 27 28 29 30 31 32 33 34 35

Russisch _____

Arabisch _____

Griechisch _____

Spanisch _____

Hebräisch _____

Deutsch _____

mein Alphabet _____

2 **Deutsch schreibt man von links nach rechts (→). In anderen Sprachen schreibt man von rechts nach links (←). Wer schreibt wie? Ordne zu.**

→: Deutsch, _____

←: _____

3 **W-Fragen zu Siri – Frage nach den Lücken. Schreibe wie im Beispiel.**

Hallo! Ich heiße ▨▨▨ [1]. Ich bin ▨▨▨ [2] alt und komme ▨▨▨ [3]. Ich esse gern ▨▨▨ [4]. Ich habe eine Schwester: Sie heißt ▨▨▨ [5]. Sie ist zwei Jahre älter als ich, also ▨▨▨ [6]. Ich reite gern. Mein Pferd heißt Tornado. Ich habe auch einen Hund: Er heißt ▨▨▨ [7] und ist ▨▨▨ [8] alt.

[1] Wie heißt du? _____

[2] _____

[3] _____

[4] _____

[5] _____

[6] _____

[7] _____

[8] _____

neunundzwanzig 29

4 Das Aussprache-Lied

a Höre zu und singe mit.
b Ergänze je drei Wörter aus den Einheiten 1–4.

Musik: Marco Zappa

s - p, s - t, i - e, e - i,
Aussprache üben, aber wie?
h, g - e, g - i, e - u,
pass gut auf und höre zu.
sp, st, ie, ei,
Schreiben und Sprechen ist zweierlei.
h, ge, gi, eu,
Aussprache singen, das ist neu.

s - p wie Sprachen und speziell,
h wie Hamburg und Hotel,
e - u wie Deutsch und Freundinnen,
g - i wie Gitarre und beginnen.
i - e ist i, e - i ist ei,
sieben, vier, drei und zwei,
g - e wie gern, s - t wie Star,
kein Problem, alles klar?

sp: Sprachen, speziell, _____
st: _____
ie: _____
ei: _____
h: _____
ge: _____
gi: _____
eu: _____

5 Kreuzworträtsel: elf „Schulsachen" – Ergänze bitte die Silben.

AL – BEL – FÜL – HO – ~~KAS~~ – KA –
KER – LI – LI – MAN – SCHE –
SCHUL – TA – ~~TE~~ – TER – TURN –
VO – WÖR

1	K	A	S	S	E	T	T	E	
2			D	I	S	C			
3						H	E	F	T
4				K	U				
5					L	E	R		
6					S	E			
7				M	A	R			
8			B	U	C	H			
9					S	C	H	E	
10					R	E			
11					N	E			

30 dreißig

6 Ein/kein und eine/keine – Suche die Antworten in den Einheiten 1–4.

1. Ist Mozart ein Sänger?   Nein, Mozart ist kein Sänger.
2. Sind die „Fantastischen Fünf" eine Rockband?   _____
3. Ist ein Ferrari ein Fahrrad?   _____
4. Gibt es in der Goetheschule ein Orchester?   _____
5. Ist „die Uhr" ein Plural?   _____
6. Sind Handys Schulsachen?   _____
7. Gibt es in der Clique eine Katze?   _____

7 Zahlenschlange – Ergänze die Buchstaben und schon kommst du auf 100!

_ _ erun _ _wanzig und vierz _ _ n und e _ _ undv _ _ r _ _ g und einu _ _ _ _ _ nzig = hundert

8 Telefonnummern – Höre zu und notiere.

Name ☎	Name ☎
Sabine 37	Isabelle
Julia	Doris
Mirko	Marcel

9 Uhrzeiten – Höre zu und markiere die Uhrzeiten. Drei Uhrzeiten hörst du nicht.

7.15   8.50   9.40   11.45   12.00   13.30   15.10   16.55   18.00   19.20

10 Pluralendungen – Ordne 1–5 die richtigen Pluralendungen zu.

—   -s   -e̶   -n   (ä/ö/ü) -er

1. __e__ Kurs, Spiel, Lineal, Bleistift
2. _____ Mäppchen, Marker, Geldbeutel, Lehrer
3. _____ Pizza, Kuli, Radio, Foto
4. _____ Haus, Fach, Wort, Buch
5. _____ Ratte, Regel, Tafel, Katze

TESTTRAINING 1–5

Hier kannst du dich selbst testen.

1. Mache zuerst **alle** Aufgaben.
2. Kontrolliere dann die Lösungen auf S. 95.
3. Markiere zum Schluss dein Ergebnis in der Tabelle auf S. 96.

HÖREN

1 Uhrzeiten – Was hörst du? Kreuze an.

23.30   22.20   19.30   6.15   17.45

2 Wie viel Uhr ist es? Höre zu und zeichne die Uhrzeiger ein.

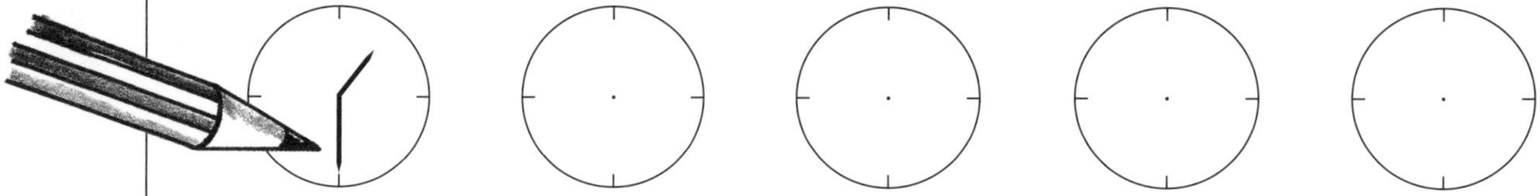

3 Ländernamen hören, lesen und Akzent markieren.

Griechenland – Deutschland – Schweiz – Türkei – Österreich – Schweden – Polen – Frankreich

4 Du hörst Zahlen, verbinde sie. Was siehst du?

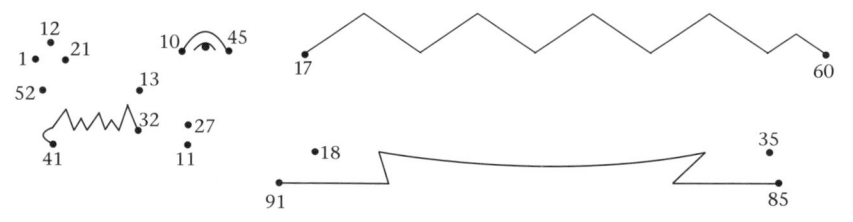

12, 21, 1, 10, 45, 52, 13, 17, 60, 32, 27, 41, 11, 18, 35, 91, 85, 71

LESEN

5 Lies die Texte a–c. Welche Themen kommen vor? Kreuze an.

Thema	Text	a	b	c
1. Sport		☐	☐	☐
2. Musik		☐	☐	☐
3. Tiere		☐	☐	☐
4. Essen		☐	☐	☐

Toblerone ist fast hundert

In einer Nacht im Jahr 1908 experimentieren T. Tobler und Fabrikationsleiter E. Baumann in der Fellenbergstr. 8 in Bern in der Küche. Mit weißem Nougat, einer Süßigkeit aus Mandeln, Honig und Zucker, entwickeln sie eine Milchschokolade – die Toblerone. Ihre ungewöhnliche Form hat die Toblerone vom berühmtesten Berg der Schweiz: dem Matterhorn.

a

32 zweiunddreißig

b **Marathonlauf immer populärer**

Marathonlauf gibt es als olympischen Wettkampf für Damen und Herren erst seit 1984. Vermehrt gibt es in Städten Marathonläufe, z. B. den New York City-Marathon oder den Berliner Stadtmarathon, an denen manchmal über 30.000 Athleten teilnehmen.

c **Königsboa bringt 55 Babys zur Welt**

Eine vier Meter lange Königsboa ist im Tierpark Dortmund vielfache Mutter geworden. Die Pfleger im Tropenhaus fanden am Morgen nicht weniger als 55 Boa-Babys im Terrarium. Die kleinen Riesenschlangen sind 60 Zentimeter groß.

WORTSCHATZ UND GRAMMATIK

6 Schreibe bitte die Wochentage.

MODIMIDOFRSASO

7 Fragewörter – Ergänze *wer, wo, woher, was, wie*.

1. _____ heißt du?
2. _____ wohnst du?
3. _____ kommst du?
4. _____ ist dein Freund?
5. _____ heißt die Deutschlehrerin?
6. _____ kannst du kochen?

8 Personalpronomen und Verbformen – Was passt zusammen? Ordne zu und schreibe auf.

er – es – sie – wir – du – ich – Sie – ihr

können – bist – wohnt – schwimmen – spiele – kommst – heißt – mag – magst – bin – ist – habe

9 Ergänze den Text.

Tiere – kann – aus – hat – sieben – kochen – ist – wohnt

Nurja ___ ___ ___ ___ ___ in München. Sie ___ ___ ___ zwölf Jahre alt. Ihre Familie kommt ___ ___ ___ der Türkei. Sie ___ ___ ___ ___ Deutsch und Türkisch. Sie ___ ___ ___ zwei Hobbys: am Computer spielen und mit ihren Cousinen in der Türkei mailen. Sie kann auch ___ ___ ___ ___ ___ ___, ihre Spezialität ist Schokoladentorte. Sie mag ___ ___ ___ ___ ___, ihre Katze heißt Mitzi und ist ___ ___ ___ ___ ___ ___ ___ Jahre alt.

DIALOGE

10 Schreibe den Dialog.

Ich höre nur Rap! – Petra, und du? – Hallo, wie heißt du? – Aha, magst du Rap? – Rudolf, und wer ist das? – Biene. – Ja, Biene. Sie heißt richtig Sabine. – Wie bitte? – Ja, und Hip-Hop und Klassik, und du?

dreiunddreißig 33

Ein Tierdomino

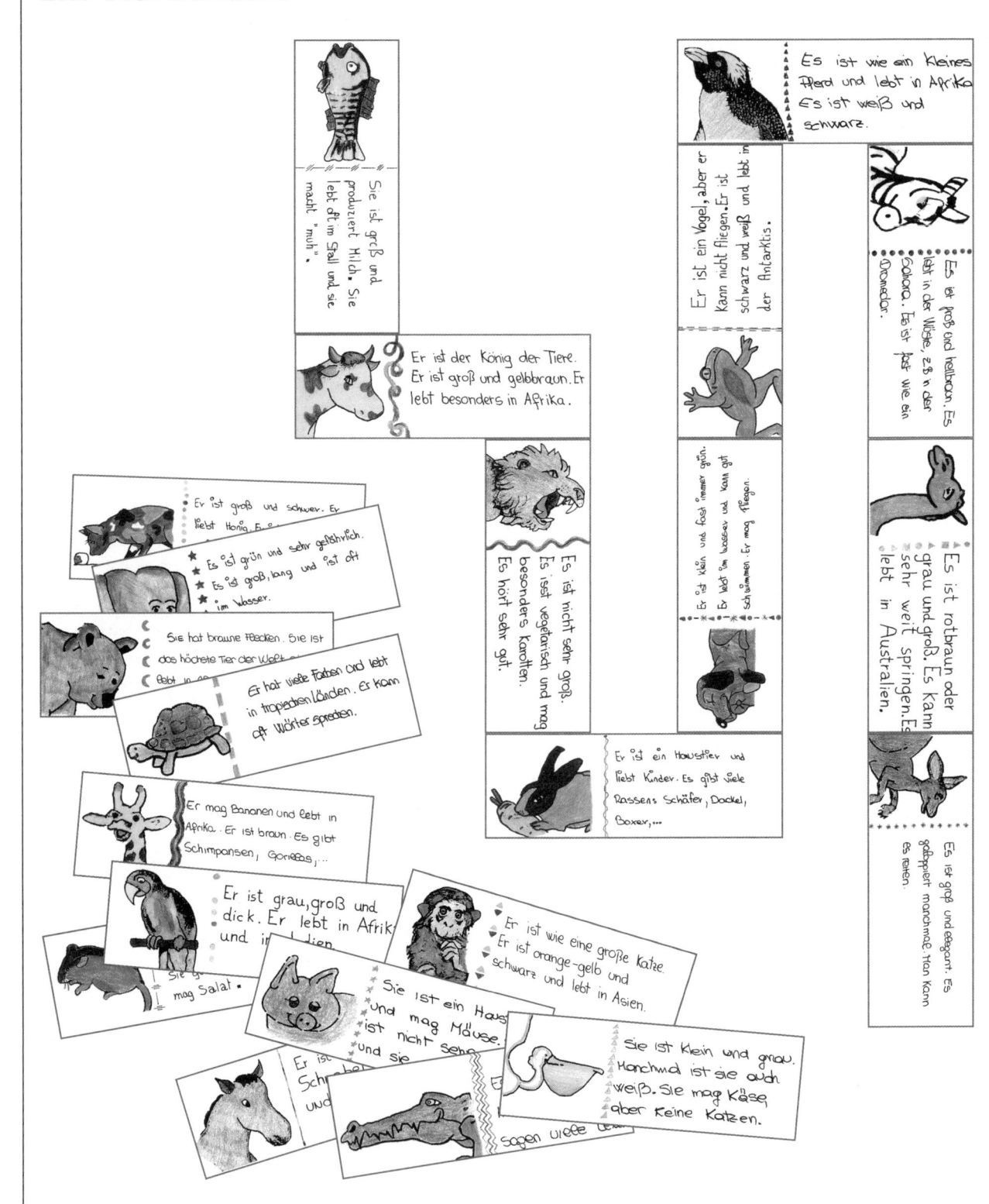

Domino von: Klasse 7B, Scuola Media Massagno

7

1 Im Tierdomino sind 22 Tiere. Wie heißen die sechs Tiere hier?

1. Er hat viele Farben und lebt in tropischen Ländern. Er spricht manchmal.
2. Sie ist ein Haustier und mag Mäuse. Sie ist nicht sehr groß. Sie macht „Miau".
3. Es ist groß und elegant. Es galoppiert manchmal. Man kann es reiten.
4. Er ist ein Vogel, aber er kann nicht fliegen. Er ist schwarz und weiß und lebt in der Antarktis.
5. Er ist grau, groß und dick. Er lebt in Afrika und in Indien.
6. Sie ist klein und grau. Manchmal ist sie auch weiß. Sie mag Käse, aber keine Katzen.

der _____

_____

_____

_____

_____

_____

2 Wie heißt das Tier? Höre zu und ordne zu.

1. das Krokodil
2. die Kuh
3. das Schwein
4. das Kamel
5. das Zebra
6. der Hund

3 Tiere und Farben – Ergänze die Sätze.

weiß – gelb – grün – rot – blau – braun – bunt – schwarz – grau

Elefanten sind _____. Affen sind _____ oder _____. Pferde sind _____

oder _____ oder _____ oder _____. Zebras sind _____ und _____.

Tiger sind _____ und _____. Giraffen sind _____ und _____. Fliegen

sind _____. Krokodile sind _____. Papageien sind _____ oder _____.

fünfunddreißig 35

13

4 Possessivartikel – Gegenstände und Tiere richtig zuordnen.

ich | du | er/es | sie

Das ist …				
der	mein Geldbeutel	dein H	sein	ihr
das	_____	_____	_____	_____
die	_____	_____	_____	_____

Das sind …
die (Pl.)   meine Vögel   _____   _____   _____

5 Akkusativ – Ergänze bitte *ein/kein, eine/keine, einen/keinen*.

1. ● Trinkst du **eine** Cola? ○ Nein, **keine** Cola, _____ Tee, bitte.
2. Der Text ist zu schwierig, ich verstehe _____ Wort!
3. Maria kann Spaghetti kochen, aber sie kann _____ Pizza machen.
4. ● Hast du _____ Aquarium? ○ Ja, aber leider nur noch _____ Fisch.
5. Wir haben heute _____ Mittagspause.
6. Hast du _____ Mathelehrer oder _____ Mathelehrerin?
7. In der Pause esse ich _____ Schokolade. Ich esse _____ Pausenbrot.
8. Ich habe _____ Lieblingsmusik, aber ich habe _____ Lieblingstier: meinen Hund Zorro.

6 Akkusativ – Wer hat was? Höre zu und notiere.

Rudi hat eine _____

_____

_____

_____

7 Nominativ und Akkusativ – Ergänze die Dialoge.

~~einen~~ – einen – ein – ein – ein – ein – ein – eine – keinen – keine – meinen – mein – dein – deine – seine

1. ● Hast du e_inen_ Hund? ○ Nein, e_____ Katze.
2. ● Hat Sandra e_____ Haustier? ○ Ja, e_____ Meerschweinchen.
3. ● Ist Dr. Jones e_____ Pferd? ○ Nein, e_____ Pony.
4. ● Hast du einen Spitzer? Ich finde m_____ nicht. ○ Ich habe auch k_____, aber Esther hat e_____.
5. ● Wie heißen d_____ Kanarienvögel? ○ Kori und Kiri.
6. ● Sucht Klaus s_____ Hündin? ○ Ja, sie ist weg.
7. ● E_____ Dackel ist weg? ○ Das ist Bora, die Hündin von Klaus.
8. ● M_____ Stundenplan ist nicht gut. Wie ist d_____ Stundenplan? ○ Er ist auch nicht besonders gut. Ich habe fast k_____ Mittagspause.

18

8 Tobias und seine Tiere

a Ordne die Fotos a–d den Textabschnitten 1–4 zu.

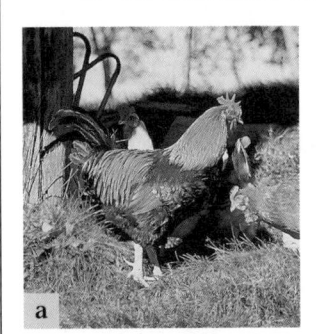

1 Es ist sechs Uhr abends. Tobias kommt erst jetzt von der Schule. Sein Unterricht ist um fünf Uhr zu Ende, aber Tobias hat einen langen Schulweg. Er fährt zuerst mit der Bahn, dann mit dem Bus und zuletzt läuft er noch 45 Minuten. Er wohnt nicht in der Stadt, er wohnt in den Bergen.

2 „Sissy, Lucy", ruft Tobias laut. Wer ist das? Seine Katzen? Seine Hunde? Nein, nein! Zwei weiße Ziegen hören Tobias und laufen schnell zu ihm. „Hallo, Sissy, hallo, Lucy!", grüßt Tobias. Er findet sie sehr schön und er mag sie sehr. Tobias kann sie auch melken und dann trinkt er auch ihre warme Milch. Tobias hat auch dreizehn Schafe. Elf sind weiß und zwei sind braun. Alle haben Namen: Jana, Biene, Luna, Bianca …

3 Nach den Schafen geht er zu den Hühnern. Elf sind es im Ganzen. Der Hahn ist superschön und dreifarbig: rotbraun, grün und schwarz. Tobias holt seine Eier selbst im Hühnerstall: fünf bis sechs pro Tag.

4 Auf dem Bauernhof leben auch fünf Kühe: Priska, Jole, Betty, Rosy und Funny. Alle sind dieses Jahr Mütter geworden und jede hat ein kleines Kalb.

Tobias findet seine Tiere einfach toll. Er spricht mit ihnen und sie hören ihm zu. Tobias geht nicht gern in die Schule, er ist am liebsten bei seinen Tieren.

b Richtig [r] oder falsch [f] – Kreuze an.

1. [r] [f] Tobias wohnt in den Bergen.
2. [r] [f] Er hat viele Tiere.
3. [r] [f] Er mag keine Tiere.
4. [r] [f] Tobias hat am Nachmittag Schule.
5. [r] [f] Die Schule ist weit weg.
6. [r] [f] Tobias mag die Schule.
7. [r] [f] Eine Kuh heißt Sissy.
8. [r] [f] Die Hühner legen jeden Tag Eier.

DAS KANN ICH SCHON

1 Ich kann *ein/kein, eine/keine, einen/keinen* verwenden. ☺ ☻ ☹

1. Ich habe __einen__ Hund, aber __keine__ Katze.
2. ● Hast du e_____ Pferd?   ○ Nein, e_____ Pony.
3. Meine Katze mag k_____ Vögel, aber Mäuse mag sie sehr.
4. Ich sehe k_____ Pinguin auf dem Foto, da ist nur e_____ Papagei.

38 achtunddreißig

2 Ich kann Possessivartikel verwenden. Ergänze.

mein – ~~dein~~ – meinen – deinen – ~~sein~~ – seinen – ihre – ihren

1. ● Ist das __dein__ Füller? ○ Nein, das ist __sein__ Füller.
2. ● Suchst du _____ Füller? ○ Nein, _____ Kuli und _____ Lineal.
3. Alexandra ruft die Polizei an, sie findet _____ Hund nicht.
4. Franz mag _____ Mathelehrer, aber Elke findet _____ Mathelehrerin nicht gut.

Ich vergleiche meine Lösungen auf Seite 94. Mein Ergebnis ist:

DAS FINDE ICH IN EINHEIT 6

1 Verben mit Akkusativ

Verben mit Akkusativ aus den Einheiten 1–6:

fahren – finden – haben – hassen – hören – kennen – lernen – lesen – mögen – rufen – schreiben – singen – suchen – tragen

Beispielsätze:

Ich suche meinen Hund. Trägst du meine Schultasche?
Boris mag seine Ratte Turbo. Bernd hat einen CD-Spieler.

2 Possessivartikel im Singular: Formen

	Das ist …	Das ist …
ich	mein Hund	meine Katze
du	dein Hund	deine Katze
er/es	sein Hund	seine Katze
sie	ihr Hund	ihre Katze

3 *Ein/kein* und Possessivartikel: Nominativ und Akkusativ (Singular) → Artikel S. 21

	Nominativ	Akkusativ
der Hund	Das ist ein Hund. Das ist kein Hund. Das ist mein/dein … Hund.	Ich habe ein**en** Hund. Ich habe kein**en** Hund. Ich mag mein**en**/dein**en** … Hund.
das Pferd	Das ist ein Pferd. Das ist kein Pferd. Das ist mein/dein … Pferd.	Ich habe ein Pferd. Ich habe kein Pferd. Ich mag mein/dein … Pferd.
die Katze	Das ist eine Katze. Das ist keine Katze. Das ist meine/deine … Katze.	Ich habe eine Katze. Ich habe keine Katze. Ich mag meine/deine … Katze.

Der Akkusativ ist leicht: Maskulinum *-en*, das reicht. Lerntipp

neununddreißig 39

Schade!

Am Montag
– Gehen wir morgen schwimmen?
– Nein, das geht leider nicht.

Am Dienstag
– Ich habe morgen Handballtraining. Kommst du mit?
– Nein, ich habe keine Zeit.

Am Mittwoch
– Ich spiele morgen Tennis. Spielen wir zusammen?
– Nein, ich muss für den Test lernen.

Am Donnerstag
– Fahren wir morgen Rad?
– Nein, da kann ich nicht.

Am Freitag
– Gehen wir morgen skaten?
– Nein, ich habe keine Lust.

Am Samstag
– Morgen spielt Hamburg gegen Bayern München...
– NEIN!

– Sie mag mich nicht.
– Schade, er ist nett. Aber ich mag keinen Sport!!!

7

6

1 *Gehst du am Sonntag mit …?* – **Ergänze den Dialog.**

Das geht. – Da kann ich nicht. – Prima! – Wann fängt es an? – Wer spielt?

- ● Gehst du am Sonntag mit ins Konzert?
- ○ _____
- ● Die Clique!
- ○ _____
- ● Um 16 Uhr.
- ○ _____
- ● Und am Samstag?
- ○ _____
- ● _____

2 **Zwei Dialoge – Höre zu. Welche Dialoggrafiken passen zu den Dialogen? Ordne zu.**

Dialoggrafik 1 – Dialog ☐   Dialoggrafik 2 – Dialog 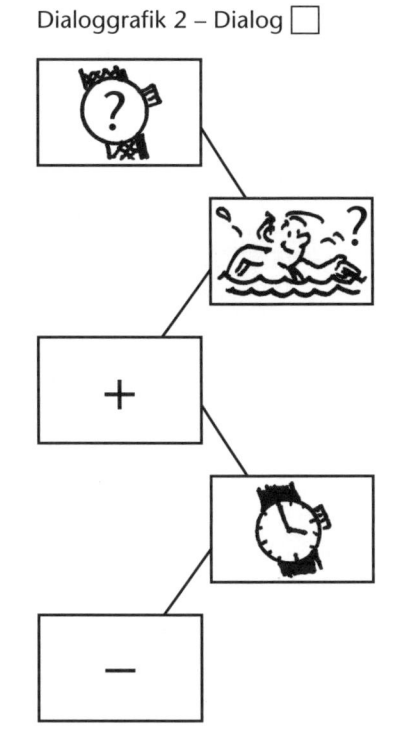 ☐   Dialoggrafik 3 – Dialog ☐

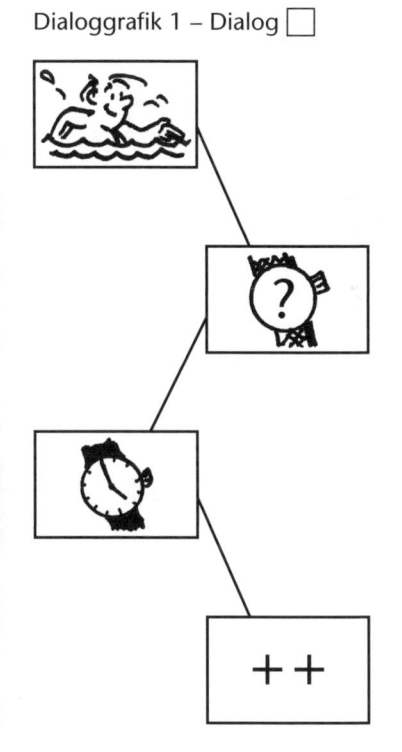

einundvierzig **41**

3 *Hallo, Erika ...* – Ordne den Dialog nach der Grafik. Höre zur Kontrolle.

- [ ] Wo?
- [ ] Hallo, Stefan.
- [ ] Im „Capitol".
- [ ] Gut, danke, bis vier Uhr. Tschüs, Stefan.
- [ ] Es gibt den neuen Film von ...
- [1] Hallo, Erika, hier ist Stefan.
- [ ] Um 14 Uhr 30 kann ich nicht, aber vielleicht um 16 Uhr 30.
- [ ] Bis dann, Erika.
- [ ] Wann?
- [ ] Ja, warum?
- [ ] Hast du heute Nachmittag Zeit?
- [ ] Um 14 Uhr 30 und um 16 Uhr 30.
- [ ] Ich kann dich um vier Uhr abholen!

Hallo → Hallo
Zeit? → +/?
Film → ?
„Capitol" → ?
14.30/16.30 → –14.30 / +/–16.30
16.00 ! → +

4 Sprachbaukasten – Schreibe die Nomen und Ausdrücke in die Tabelle.

Kino – Konzert – Cafeteria – Computerkurs – Tennis spielen – Zoo – Stadt – Bibliothek – Museum – schwimmen – Park – skaten

Ich gehe

in den	ins	in die	—
Computerkurs			

5 *Schade!* – Lies den Comic auf S. 40. Notiere die Aktivitäten und Wochentage.

Was? / Wann?

1. Fußball spielen / Sonntag
2.
3.
4.
5.
6.

6 Schreibe Sätze zu Aufgabe 5 wie im Beispiel.

1. Am Sonntag geht er ins Fußballstadion.

7 Die Woche von Marina – Lies den Wochenplan und höre zu.

a Zwei Informationen im Wochenplan sind falsch. Markiere sie.

SUPER! DIESE WOCHE KANN ICH 2x INS SCHWIMMBAD
PETRA UND ROLF KOMMEN AUCH MIT

SEPTEMBER
13. MONTAG   16.30-18.00   Gitarre
14. DIENSTAG 14.00   Nachhilfe Mathe
15. MITTWOCH 16.00-17.30   Schwimmbad (Petra/Rolf)
16. DONNERSTAG 11.00-12.00 Deutschtest
              16.30-18.00   Schwimmbad (Rolf?)
17. FREITAG   10.00   MATHETEST!!!
              15.00   Volleyballtraining
              17.00   fernsehen: Schloss Einstein
18. SAMSTAG   10.00-17.30   Volleyballturnier
              18.00-20.00   Volleyballparty
19. SONNTAG   ? - ?   Ausschlafen, ausschlafen, ausschlafen

b Korrigiere die Informationen.

_____   _____

8 Trennbare Verben – Markiere die trennbaren Verben in 1–5. Notiere die Infinitive.

1. Die Lehrerin |liest⟩ den Text ⟨vor|.   vorlesen
2. Wencke hört nicht zu. Sie träumt.   _____
3. Wir schreiben die neuen Wörter auf.   _____
4. Maria versteht ein Wort nicht. Sie schlägt es nach. _____
5. Andere schreiben ab.   _____

9 Trennbare Verben – Schreibe die Sätze.

1. Die Schüler – Dialoge – vorspielen
2. Er – anrufen – seine Freundin – heute Abend
3. Wir – aufstehen – am Sonntag – spät
4. Nina – abholen – ihre Freunde – um acht Uhr
5. Ich – zuhören – nicht – ich – sein – müde

10 Was sagt Boris?

Ergänze bitte den Text. Höre zur Kontrolle.

an|machen – an|ziehen – ab|schreiben – auf|hören – ab|holen – an|rufen – fern|sehen – auf|wachen

Ich **wache** jeden Morgen um sechs Uhr **auf**. Ich _____ den CD-Spieler _____ und höre Musik. Dann _____ ich mich _____ und frühstücke schnell. Um acht Uhr bin ich in der Schule. In der Pause _____ ich schnell meine Hausaufgaben _____. Ich vergesse sie immer! Um 13 Uhr _____ der Unterricht _____. Ich fahre mit dem Bus nach Hause. Unterwegs _____ ich meine Schwester vom Kindergarten _____. Sie ist erst fünf Jahre alt. Von zu Hause _____ ich zuerst meine Freunde _____. Manchmal besuche ich sie auch. Am Abend _____ ich oft _____.

20

11 Verneinung – Ergänze mit *nicht* oder *keinen, kein, keine*.

1. Sabine wartet auf Peter, aber er kommt _____.
2. Am Freitag geht es _____, da hat er leider _____ Zeit.
3. Ich kann heute _____ kommen. Ich habe _____ Fahrrad.
4. Das Konzert fängt _____ um 20 Uhr an. Es beginnt um 21 Uhr.
5. Jan kommt _____ mit in die Pizzeria, er mag _____ Pizza.

DAS KANN ICH SCHON

1 Ich kann Fragen stellen (Termine, Verabredungen).   😊 😐 ☹

1. anrufen – mich – morgen – du – ?
2. abholen – ihr – mich – um 14 Uhr – ?
3. aufstehen – du – früh – am Wochenende – ?
4. mitkommen – du – ins Schwimmbad – Mittwoch – ?

Rufst du mich morgen an?

2 Ich kann *nicht* und *kein* verwenden. ☺ 😐 ☹

1. Maria isst Hamburger.   Maria isst keine Hamburger.

2. Ich mag Pizza und ich kann kochen. _____

3. Ich habe einen Hund und Fische. _____

4. Er muss früh aufstehen. _____

Ich vergleiche meine Lösungen auf Seite 94. Mein Ergebnis ist: ☺ 😐 ☹

DAS FINDE ICH IN EINHEIT 7

1 Verabredungen → Uhrzeiten S. 27

Kommst du mit in den Park / ins Kino / in die Stadt / skaten / schwimmen?

+	+/−	−
Klar!	Mal sehen!	Schade, das geht nicht!
Prima!	Ich weiß noch nicht.	Da/Heute/Morgen kann ich nicht!
Au, ja!	Vielleicht!	Ich habe keine Zeit!
Das geht.		Leider nein, ich …

2 *nicht* und *kein* → *kein* S. 21, 39

nicht verneint Verben und Adjektive:

Das **geht nicht**.
Ich **kann nicht** schwimmen.
Ich **lerne** am Samstag **nicht**.
Ich spiele **nicht gut** Fußball.

kein/e/en verneint Nomen:

Ich habe **kein Auto**,
keinen Fernseher
und **keine Zeit**.

3 Trennbare Verben – Satzklammer

ab	holen	Ich	hole	dich um 20 Uhr	ab .
an	fangen	Der Film	fängt	um 16 Uhr	an .
nach	schlagen	Er	schlägt	im Wörterbuch	nach .
vor	lesen	Der Lehrer	liest	die Sätze	vor .
auf	stehen	Wir	stehen	um 7 Uhr 15	auf .

fünfundvierzig   45

Wir haben alle ein Hobby

Musik: Marco Zappa

Wir Mäd-chen ha-ben al - le ein Hob-by und die

1 *Wir Mädchen haben alle ein Hobby*
2 *und die Jungs natürlich auch,*
3 *wir malen, sammeln, lesen, kochen,*
4 *der Uli redet sogar mit dem Bauch!*

5 Der Leo geht jede Woche ins Kino,
6 die Alexandra liebt das Theater,
7 die Karin läuft oft Kilometer,
8 der Max kocht Fisch, wie sein Vater.

9 *Wir Mädchen haben alle ein Hobby*
10 *und die Jungs natürlich auch,*
...

11 Der Patrick liest sehr viele Krimis,
12 die Claudia malt, am liebsten Rosen,
13 der Robert fährt mit seinem Roller,
14 die Martina sammelt Dosen.

15 *Wir Mädchen haben alle ein Hobby*
16 *und die Jungs natürlich auch,*
...

17 Die Nina tanzt sehr gut Flamenco,
18 die Flo mag klassisches Ballett,
19 der Thomas macht ganz tolle Fotos,
20 der Roy spielt Sax in einem Sextett.

21 *Wir Mädchen haben alle ein Hobby*
22 *und die Jungs natürlich auch,*
...

9

1 Ein Lied – Höre zu und lies den Text. Wer hat welches Hobby? Ergänze bitte die Tabelle.

	Person	Verb	Gegenstand/Ort
1.	Alexandra	lieben	Theater
2.			
3.			
4.			
5.			
6.			
7.			
8.			

2 Was macht ihr gern? – Ordne den Nomen die passenden Verben zu.

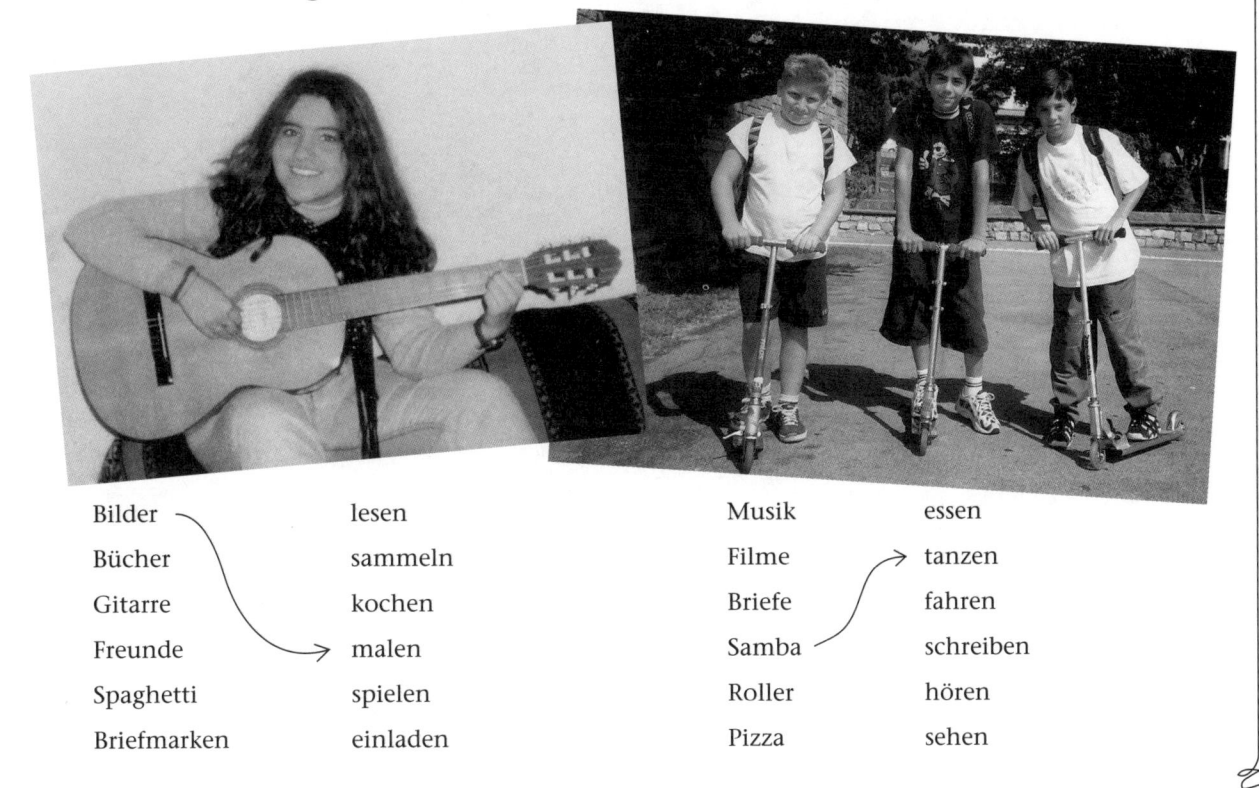

Bilder	lesen	Musik	essen
Bücher	sammeln	Filme	tanzen
Gitarre	kochen	Briefe	fahren
Freunde	→ malen	Samba	schreiben
Spaghetti	spielen	Roller	hören
Briefmarken	einladen	Pizza	sehen

siebenundvierzig 47

3 Was machst du? Was macht ihr? – Schreibe Fragen.

du: Bilder, Filme, Mathe, Gitarre   ihr: Musik, Spaghetti, Roller, Bücher

1. Malst du Bilder? _____ Nein.   5. Hört ihr Musik? _____ Ja!

2. Siehst _____? Nein!   6. _____? Nein!

3. _____? Nein!!   7. _____? Nein!!

4. _____? Ja!!!   8. _____? Ja!!!

13

**4 Was macht deine Lehrerin gern? Ergänze die Sätze links.
Schreibe rechts Sätze wie im Beispiel.**

machen – lesen – gehen – einladen – essen – schreiben – aufstehen

1. Meine Lehrerin **liest** _____
   in den Ferien gern Bücher.   In den Ferien **liest meine Lehrerin gern Bücher.**

2. Sie _____ auch
   gern Briefe in den Ferien.   In den _____

3. Sie _____
   am Wochenende gern ins Kino.   Am _____

4. Oft _____
   sie Sport.   Sie _____

5. Am Samstagabend _____
   sie gern Freunde _____.   Sie _____

6. Sie _____ am
   Sonntag gern spät _____.   Am _____

7. Sie _____ am
   Sonntagabend gern Pizza.   Am _____

5 Suchrätsel

a **Markiere die zehn Verben.**
b **Schreibe fünf Sätze mit Verben aus dem Rätsel.**
   Diese Wörter helfen dir.

O	M	S	P	R	E	C	H	E	N	T	L
F	E	R	N	S	E	H	E	N	K	E	E
A	U	F	S	T	E	H	E	N	P	S	S
H	G	Z	L	A	U	F	E	N	B	S	E
R	A	A	J	P	A	B	H	O	L	E	N
E	I	N	L	A	D	E	N	F	M	N	O
N	A	C	H	S	C	H	L	A	G	E	N

oft – viel – ein Comicheft – schnell – seinen Freund – Meine Mutter – Englisch – um sieben Uhr – im Wörterbuch – einen Ferrari – Michael Schumacher – Boris – Unsere Lehrerin – Mein Vater – Flo

Infinitiv | 3. Person Sg. | Beispielsatz
fahren | _____ | Michael Schumacher fährt einen Ferrari.
_____ | _____ | _____
_____ | _____ | _____
_____ | _____ | _____
_____ | _____ | _____

17

6 Ergänze die Fragen und beantworte sie.

gern – lieber – am liebsten • gut – besser – am besten

1. Hörst du _____ Popmusik?   Ja/Nein, ich höre _____
2. Welche Musik hörst du _____?
3. Stehst du am Wochenende _____
   spät auf?   Ja/Nein, _____
4. Trinkst du _____ Cola?   Ja/Nein, _____
5. Magst du _____ Cola oder Wasser?   Ich _____
6. Kannst du _____ Deutsch?   Ja/Nein, _____
7. Findest du Deutsch oder Englisch
   _____?   Ich finde _____
8. Was kannst du _____?   Ich _____
9. Welches Spiel spielst du _____?   Ich _____
10. Arbeitest du _____
    für Mathe oder für Deutsch?   Ich _____

neunundvierzig 49

7 Hobbys – Interview mit den Autoren der Comics von Seite 10 und Seite 40.

a Höre zu. Wer hat welches Hobby? Schreibe 1–14 zu den Fotos.

1. Fußball spielen
2. lesen
3. Flöte spielen
4. Musik hören
5. Street-Hockey spielen
6. schwimmen
7. Gitarre spielen
8. Ägyptologie
9. Modellbau
10. Tennis spielen
11. Schlagzeug spielen
12. Paläontologie
13. Xylophon spielen
14. Videospiele

Leandro _____   Fiona _____   Marwan _____   Valentina _____   Manuel 1_____

b Höre das Interview noch einmal. Richtig oder falsch? Kreuze an.

1. [r] [f] Manuel spielt fast nie Fußball.
2. [r] [f] Valentina hat jede Woche dreimal Training.
3. [r] [f] Fiona mag moderne Musik.
4. [r] [f] Leandro studiert Musik.
5. [r] [f] Marwan interessiert sich für Geschichte.
6. [r] [f] Leandro findet Videospiele langweilig.

c Korrigiere die falschen Aussagen. Kontrolliere im Unterricht.

1. Manuel spielt viel Fußball.

DAS KANN ICH SCHON

1 Ich kann vergleichen.

gut – gern – lieber – besser

1. ● Kannst du _____ Miniroller fahren.   ○ Es geht. Ich kann _____ skaten.
2. ● Lernst du _____ Mathe?   ○ Na ja … Bio lern ich _____.
3. Er liest _____ Comics, aber noch _____ sieht er fern.

50 fünfzig

2 Ich kann Sätze mit Zeitangaben schreiben. ☺ 😐 ☹

1. In den Ferien …   schwimmen – gern – ich
2. Am Sonntagmorgen …   ich – ins Schwimmbad – gehen
3. Wir …   heute – spielen – Fußball
4. Meine Freunde …   am Wochenende – ich – treffen

> 1. In den Ferien schwimme ich gern.

Ich vergleiche meine Lösungen auf Seite 94. Mein Ergebnis ist: ☺ 😐 ☹

DAS FINDE ICH IN EINHEIT 8

1 Adjektive – *gern* und *gut*

gern → lieber → am liebsten   gut → besser → am besten

Ich spiele **gern** Klavier.   Ich finde Fußball **gut**.
Ich spiele **lieber** Flöte.   Tennis finde ich **besser**.
Ich spiele **am liebsten** Gitarre. /   Schwimmen finde ich **am besten**. /
Am liebsten spiele ich Gitarre.   **Am besten** finde ich Schwimmen.

2 Sätze mit Zeitangaben

Position 1	Position 2		
Ich	gehe	am Wochenende	ins Kino.
Am Wochenende	gehe	**ich**	ins Kino.
Sara und ich	fahren	am Samstag	Fahrrad.
Am Samstag	fahren	**Sara und ich**	Fahrrad.

3 Unregelmäßige Verben

	e → i(e)		a → ä	
	lesen	sprechen	fahren	laufen
ich	lese	spreche	fahre	laufe
du	liest	sprichst	fährst	läufst
er/es/sie	liest	spricht	fährt	läuft
wir	lesen	sprechen	fahren	laufen
ihr	lest	sprecht	fahrt	lauft
sie/Sie	lesen	sprechen	fahren	laufen

lesen

ich lese
er/es/sie liest
Petra liest ein Buch.

Unregelmäßige Verben immer mit 1. und 3. Pers. Sg. lernen. Lernkarten helfen. — Lerntipp

Das ist meine Familie

Ich heisse Tamara, ich bin 12.
Meine Eltern heissen Fernando und Erika.
Meine Geschwister sind Luka und Dario.
Luka ist 22 und Dario 21.
Dario ist Koch und Luka studiert noch.
Meine Katze heisst Tata und ist 20.

Ich heisse Phil Bergen und wohne in der Schweiz. Meine Eltern kommen aus Deutschland. Mein Bruder ist 17 und geht noch in die Schule. Ich habe ein Pferd. Es heisst Harrissen. Ich spreche zu Hause Deutsch und Italienisch. Mein Freund heisst Romano. Wir sprechen Italienisch und Deutsch.

Hallo!
Ich bin Petra.
Das sind meine zwei Grossmütter, sie wohnen in Wien. In den Ferien besuche ich sie oft. Das Baby ist mein Bruder, meine Mutter ist auch auf dem Foto.

Ich heisse Amanda,
wir wohnen in der Schweiz.
Mein Grossvater wohnt im Kongo, meine Tante in Frankreich und meine Onkel wohnen in Deutschland.

Texte und Bilder von: Klasse 7A, Scuola Media Minusio

In der Schweiz schreibt man immer ss statt ß: heißen → heissen

4

1 Amanda stellt ihre Familie vor. Betrachte Foto 4 auf S. 52 und höre zu. Ergänze bitte die Tabelle.

	Großvater	Vater	Mutter	Onkel	Tante	Schwester	Bruder	Cousin	Alter	Land
André	x								68	Kongo
Jean										Schweiz
Jamba										Schweiz
Godè										Frankreich
Ghiom										Deutschland
Oghi										Deutschland
Miffi										Schweiz
Oliviette										Schweiz
Jonathan										Schweiz
Jil										Frankreich

2 Eine Familie mit vier Generationen – Betrachte Foto 3 auf S. 52 und höre zu. Beantworte die Fragen.

1. Wo wohnt Petra?
2. Wie alt ist sie jetzt?
3. Spricht sie mit ihrer Mutter Italienisch?
4. Wie viele Geschwister hat sie?
5. Wie alt ist Petras Großmutter?
6. Wo wohnt ihre Großmutter?
7. Wohin fährt Petra in den Ferien?

3 Wörter in Gruppen lernen – Ergänze bitte die Tabelle.

Großvater	+	Großmutter	=	Großeltern
Vater	+	Mutter	=	_____
Mann	+	_____	=	Ehepaar
_____	+	Tochter	=	Kinder
_____	+	Schwester	=	_____
_____	+	Freundin	=	_____
Onkel	+	_____	=	Verwandte
Cousin	+	_____	=	Verwandte

dreiundfünfzig 53

4 Luise, das Stadtkind – Ergänze bitte den Text.

ausgeben – gehen – haben – hören – hören – kosten – mögen – schreiben – schreiben – schreiben – ~~sein~~ – sein – suchen – wohnen

Das __ist__ Luise. Sie _____ 14 Jahre alt und _____ in der Stadt. Das _____ sie, denn sie _____ gerne ins Kino und in Konzerte: Sie _____ gern Jazz und Funk. Am liebsten _____ sie aber klassische Musik. Ihr Hobby ist Schreiben. Sie _____ viel und oft: Sie _____ viele Verwandte, Freunde und auch Brieffreunde/-innen in ganz Europa, in Amerika und sogar in Asien!! Sie _____ auch gerne Gedichte für ihre Freunde und Freundinnen. Sie _____ ihr Geld für CDs und Konzerte _____.
Sie _____ auch viele SMS und das _____ auch wieder viel Geld. Zu viel!
Sie _____ eine Arbeit für die Ferien, um mehr Geld für ihre Hobbys zu haben.

5 Familie Studer

a Lies den Text auf S. 55 und ergänze die Namen im Foto.

Gabriela

b Ergänze bitte den Text.

einen – ein – eine – eine • wir – wir – sie – sie • mein – seine – seine – seine – ~~unser~~ – unser – unsere – meine – ihre

Ich heiße Sergio und bin der zweite von rechts auf dem Foto. Ich gehe in die Klasse 7. Ich habe zwei Brüder und _____ Schwester. _____ wohnen nicht in der Stadt. U**nser**_____ Tag beginnt um sechs Uhr, denn wir müssen 90 Minuten bis zur Schule fahren. U_____ Vater heißt Paul. Er ist 40 Jahre alt. Er fährt uns zur Schule. U_____ Mutter heißt Gabriela. _____ ist auch 40. _____ arbeitet im Haus und passt auch auf die Tiere auf. _____ haben 24 Ziegen, _____ Pferd, _____ Hund und _____ Katze. _____ ältester Bruder ist 16 und heißt Mirko. _____ Hobbys sind: Bassspielen, Snowboarden, Skaten und Musikhören. _____ Schwester Sara spielt Flöte und trifft oft _____ Freundinnen. Manuel ist erst neun Jahre alt und geht in Klasse 3. _____ Hobbys sind Snowboarden und Zeichnen. Er und _____ Freunde spielen oft Tarzan.

6 Possessivartikel – Ergänze bitte die Sätze.

ihren – ihre – ihr – ihre – sein – seine – seinen – seine

1. Cora und _____ Freunde mögen Sport.
2. Rudi mag Computer, _____ Ratte auch.
3. Biene hört zu, aber _____ Freund Boris nicht. Er liest einen Comic.
4. Ich mag Rudi sehr, aber _____ Ratte nicht.
5. Biene ruft _____ Mutter an, nicht _____ Freund.
6. Rudi spielt gern Tennis, _____ Freund Boris auch.
7. Boris fragt _____ Freund: „Kommst du mit zum Skaten?"

16

7 Typisch Schule – Was sagen die Lehrer/innen und die Schüler/innen? Schreibe bitte Sätze mit Imperativ.

Lehrer → Klasse
1. bitte zuhören und gut aufpassen
2. den Dialog auf Seite 57 lesen
3. nicht so laut sein
4. die Wörter von Einheit 9 lernen
5. bitte im Wörterbuch nachschlagen

1. Bitte hört zu und passt gut auf.

Schüler → Lehrer
6. bitte den Satz noch einmal wiederholen
7. bitte weniger Hausaufgaben geben
8. bitte die Regel nicht auf Deutsch erklären
9. bitte etwas langsamer sprechen
10. bitte das Wort an die Tafel schreiben

6. Wiederholen Sie bitte ...

Schüler → Schüler
11. mir bitte deinen Radiergummi geben
12. nicht immer abschreiben
13. nicht so blöd fragen
14. deine Aufgaben alleine machen
15. nicht immer meinen Kuli nehmen

11. Gib mir ...

DAS KANN ICH SCHON

1 Ich kann Bitten formulieren.   ☺ 😐 ☹

Situation	Reaktion
1. Du verstehst den Lehrer nicht.	_____ bitte lauter!
2. Du verstehst deinen Freund nicht.	_____ bitte lauter!
3. Dein Mitschüler hört nicht zu.	_____ bitte zu!
4. Die Lehrerin liest zu schnell.	_____ bitte langsamer!
5. Du hast keinen Kuli.	_____ mir bitte deinen Kuli!
6. Du rufst deine Freundin an die Tafel.	_____ bitte an die Tafel!

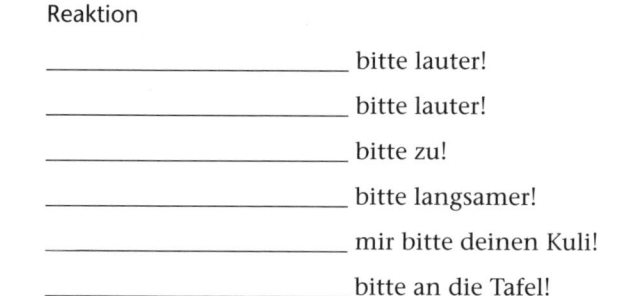

56 sechsundfünfzig

2 Ich kann über die Familie sprechen. ☺ 😐 ☹

```
        Ursula  ∞  Hermann
        ┌─────────┼─────────┐
     Michael     Lutz      Ute
```

Ursula (Hermann)   *Ursula ist seine Frau.*

Hermann (Ursula)   Hermann ist _____

Ute (Ursula)   Ute ist _____

Lutz (Hermann)   Lutz ist _____

Michael, Ute (Lutz)   Michael und Ute sind _____

Ich vergleiche meine Lösungen auf Seite 94. Mein Ergebnis ist: ☺ 😐 ☹

DAS FINDE ICH IN EINHEIT 9

1 Possessivartikel im Nominativ (Plural) → Singular S. 39

	der Hund / das Pony	die Katze	die Hunde/Ponys/Katzen
wir	Das ist **unser** Hund/Pony	uns**ere** Katze	das sind uns**ere** Hunde/Ponys/Katzen
ihr	Das ist **euer** Hund/Pony	eu**re** Katze	das sind eu**re** Hunde/Ponys/Katzen
sie	Das ist **ihr** Hund/Pony	ih**re** Katze	das sind ih**re** Hunde/Ponys/Katzen

2 Possessivartikel im Akkusativ (Plural) → Singular S. 39

	der Hund	das Pony	die Katze	die Hunde/Ponys/Katzen
Wir suchen	uns**eren*** Hund	unser Pony	uns**ere** Katze	uns**ere** Hunde/Ponys/Katzen
Ihr sucht	eu**ren** Hund	euer Pony	eu**re** Katze	eu**re** Hunde/Ponys/Katzen
Sie suchen	ih**ren** Hund	ihr Pony	ih**re** Katze	ih**re** Hunde/Ponys/Katzen

* Wie heißt der Lerntipp? Sieh auf Seite 39 nach.

3 Imperativ

Infinitiv	Sie-Form	du-Form	ihr-Form
kommen	Kommen Sie bitte!	Komm bitte!	Kommt bitte!
fahren	Fahren Sie bitte!	Fahr doch!	Fahrt doch!
vorlesen	Lesen Sie bitte vor!	Lies bitte vor!	Lest bitte vor!

Drei Tiergedichte

von Josef Guggenmos

1 **Die Schnecke**

2 In Wald und Garten
3 lebt ein Tier,
4 das macht im Winter
5 zu die Tür.
6 Geht es im Frühling
7 wieder aus,
8 bleibt es doch immer
9 halb zu Haus.

10 **Der Dachs**

11 Der Dachs hat
12 Streifen im Gesicht.
13 Den argen Winter
14 mag er nicht.
15 Im März schaut er
16 aus seinem Loch
17 und grunzt:
18 „Nun kommt der Frühling
19 doch!"

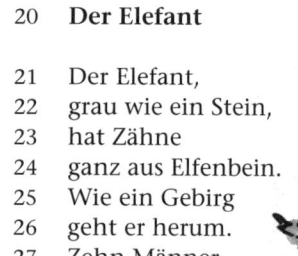

20 **Der Elefant**

21 Der Elefant,
22 grau wie ein Stein,
23 hat Zähne
24 ganz aus Elfenbein.
25 Wie ein Gebirg
26 geht er herum.
27 Zehn Männer
28 werfen ihn nicht um.

10

1 Kreuzworträtsel – Ergänze Nomen aus den Gedichten.
Die Zeilennummern (Z. 10 = Zeile 10) helfen.

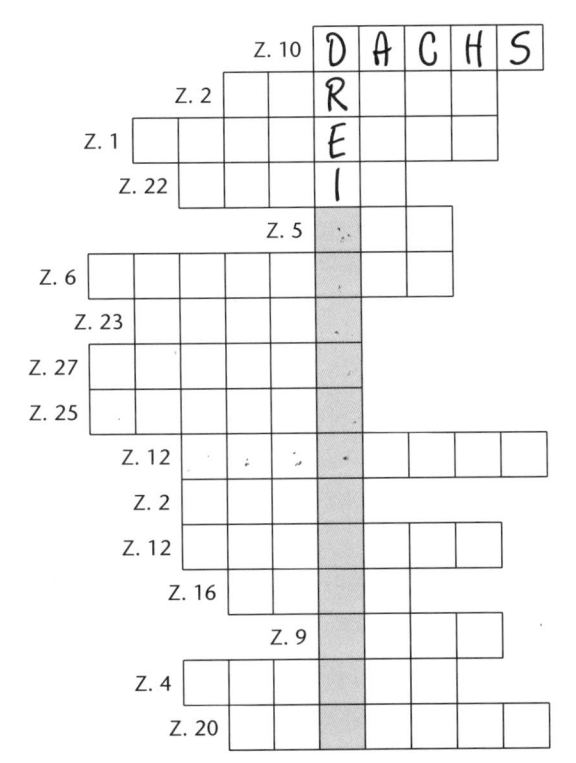

Z. 10: D A C H S
Z. 2: _ R _ _ _
Z. 1: _ _ E _ _ _
Z. 22: _ _ I _

Z. 5
Z. 6
Z. 23
Z. 27
Z. 25
Z. 12
Z. 2
Z. 12
Z. 16
Z. 9
Z. 4
Z. 20

Das Lösungswort heißt: **Drei**

2 Was ist X? Eine Schnecke, ein Dachs oder ein Elefant? Kreuze bitte an.

	Schnecke	Dachs	Elefant
1. X ist grau.			☒
2. X ist schwarz-weiß im Gesicht.		☒	
3. X mag den Winter nicht und geht schlafen.			
4. X ist sehr groß und schwer.			
5. X ist klein und geht sehr langsam.			
6. X spricht nicht, X grunzt wie ein Schwein.			
7. X nimmt immer das Haus mit.			
8. Zehn Personen sind nicht so stark wie X.			
9. X wacht im Frühling wieder auf.			
10. X hat zwei lange Zähne.			

3 Wer kommt woher?
  a Höre zu und male die Flaggen an.

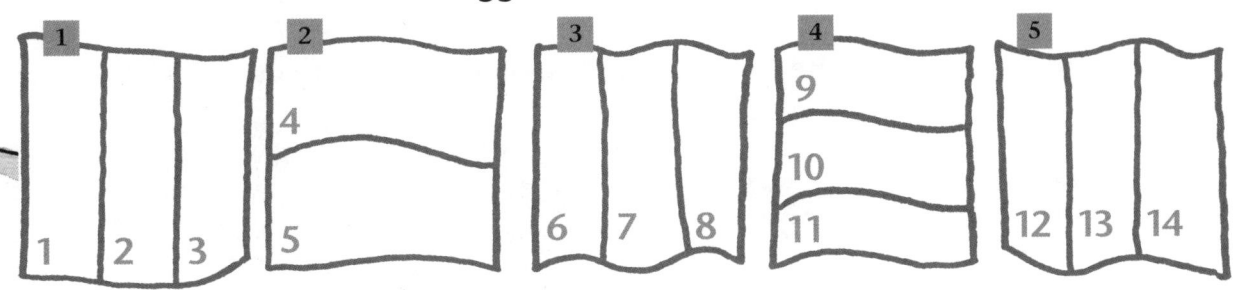

Flagge 1: 1 2 3
Flagge 2: 4 5
Flagge 3: 6 7 8
Flagge 4: 9 10 11
Flagge 5: 12 13 14

neunundfünfzig 59

b Höre zu und schreibe das Land zu den Fotos. Ordne die Flaggen aus 3a zu.

Piet   Anna   Ronan   Olga und Bernard

Name: _Piet_ _____ _____ _Bernard/_ _____

Land/Flagge: _Belgien / 3_ _____ _____ _____ _____

4 Was, wann, um wie viel Uhr? Suche die Informationen im ☺-Rätsel. Ergänze den Terminkalender.

I	T	T	W	O	C	H	U	M	Z	W	E	I
M	E	I	T	A	G	U	M	S	I	E	B	E
M	R	L	N	A	C	H	V	I	E	R	O	N
A	F	E	L	B	A	C	H	T	S	K	M	M
O	M	T	A	E	C	H	S	P	A	A	A	A
N	A	R	H	S	M	D	O	N	R	T	A	T
I	R	E	M	M	A	P	I	N	T	E	M	H
K	E	I	U	A	Z	Z	E	Y	N	S	E	E
F	I	V	G	G	A	T	S	R	A	A	O	T
L	V	M	A	T	S	M	A	S	M	M	N	E
E	A	U	G	A	T	S	N	E	I	D	N	S
B	L	K	S	N	I	E	M	U	G	A	T	T
L	A	H	M	U	G	A	T	N	O	M	M	A

So	
Mo	
Di	
Mi	
Do	Pizza um 18 Uhr
Fr	
Sa	

5 Ein Hobby: Conny und Regula sammeln Kaffeerahmdeckel.

In der Schweiz sammeln viele Jugendliche Kaffeerahmdeckelchen. Es gibt ganze Serien, wie bei den Briefmarken. Die Sammler tauschen die Deckelchen miteinander.

Höre zu. Wer sucht welche Deckelchen? Schreibe C für Conny oder R für Regula.

☐ Krokodil
☒ Dinosaurier (R)
☐ Comic-Figur Peppino
☐ Ferrari
☐ Junge mit Punk-Look
☐ Flamenco-Tänzerin
☐ Bilderrätsel „Haushalt"
☐ Dick und Doof
☐ Maus

60 sechzig

6 Imperative in der Werbung – Formell oder informell? Kreuze bitte an.

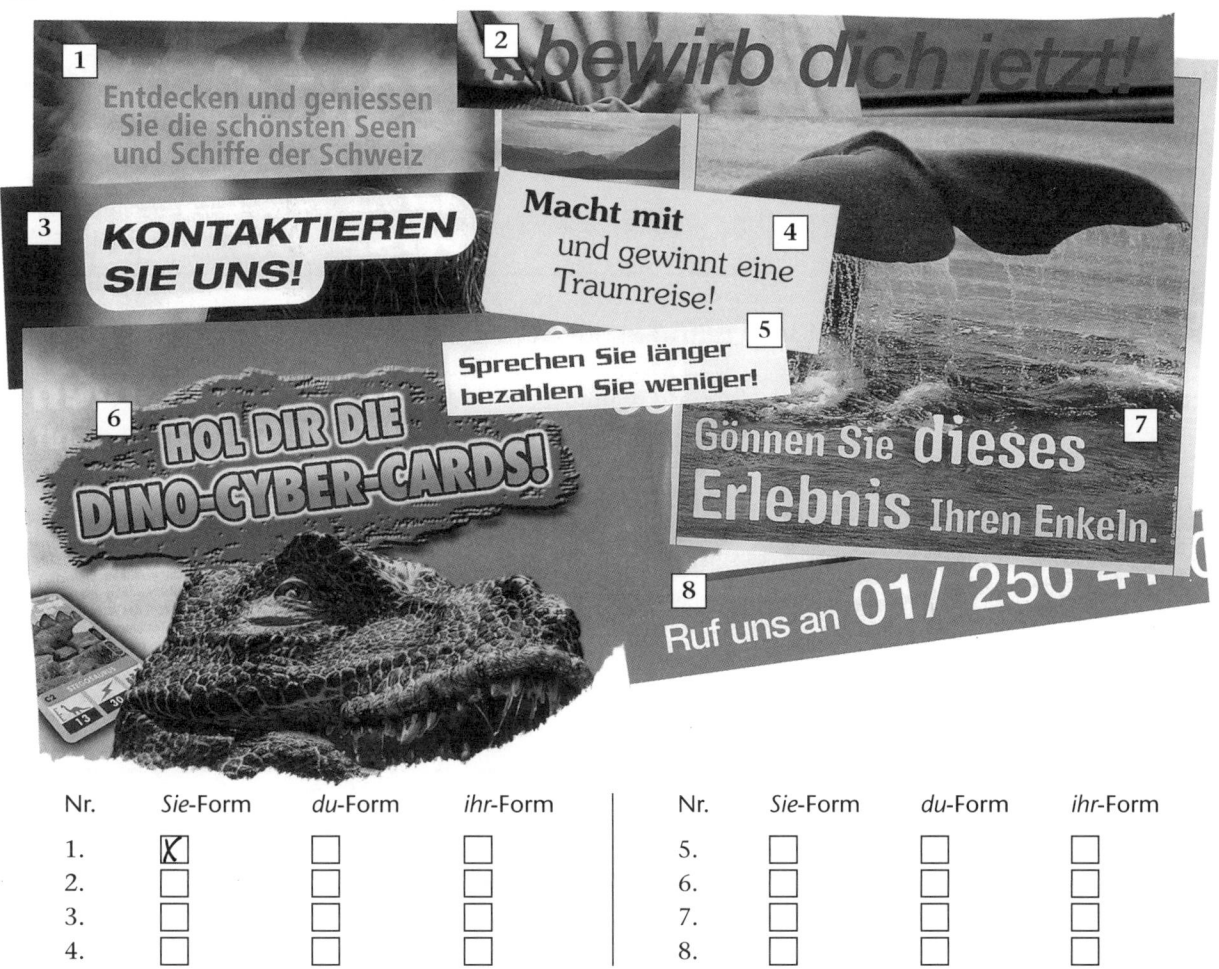

1. Entdecken und geniessen Sie die schönsten Seen und Schiffe der Schweiz
2. bewirb dich jetzt!
3. KONTAKTIEREN SIE UNS!
4. Macht mit und gewinnt eine Traumreise!
5. Sprechen Sie länger bezahlen Sie weniger!
6. HOL DIR DIE DINO-CYBER-CARDS!
7. Gönnen Sie dieses Erlebnis Ihren Enkeln.
8. Ruf uns an 01/ 250 ...

Nr.	Sie-Form	du-Form	ihr-Form
1.	☒	☐	☐
2.	☐	☐	☐
3.	☐	☐	☐
4.	☐	☐	☐

Nr.	Sie-Form	du-Form	ihr-Form
5.	☐	☐	☐
6.	☐	☐	☐
7.	☐	☐	☐
8.	☐	☐	☐

7 Ordne zu und schreibe Minidialoge.

Ich habe Katzen am liebsten.

Und ich finde Ratten schön.

1. Magst du Hamburger?
2. Boris spielt gut Tennis.
3. Schläfst du auch lange am Wochenende?
4. Trinken wir ein Mineralwasser?
5. Ich finde Geo besser als Geschichte.
6. Ich mag Hamburger.
7. Ich habe Katzen am liebsten.
8. Kannst du gut Ski fahren?

a) Ich finde Englisch am besten.
b) Nein, lieber Steaks mit Pommes.
c) Ja, schon, aber ich kann besser skaten.
d) Ja, besonders am Samstagmorgen.
e) Und ich finde Ratten schön.
f) Lieber einen Tee, danke!
g) Aber Handball spielt er noch besser.
h) Was? Ich finde Pizza viel besser.

TESTTRAINING 6–10

Hier kannst du dich selbst testen.

1. Mache zuerst **alle** Aufgaben.
2. Kontrolliere dann die Lösungen auf S. 95.
3. Markiere zum Schluss dein Ergebnis in der Tabelle auf S. 96.

HÖREN

1 Wer hat welches Tier? Höre zu und ergänze die Tabelle.

Wer?	Was?	Tiername	Alter	Farbe
	Hündin			
		X	X	
		X		
		X		

DIALOGE

2 Schreibe den Dialog mit der Dialoggrafik. Die Wörterschlange hilft.

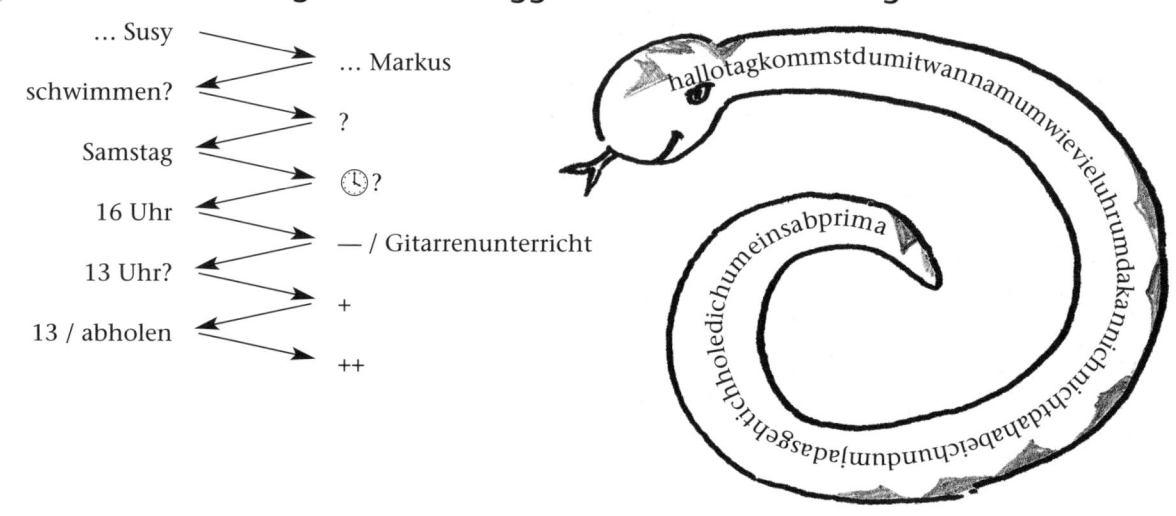

... Susy → ... Markus
schwimmen? → ?
Samstag → 🕐?
16 Uhr → — / Gitarrenunterricht
13 Uhr? → +
13 / abholen → ++

hallotagkommstdumitwannamumwievieluhrumdakannichnichthabeichundumjadasgehtichholedichumeinsabprima

3 Schreibe die Fragen oder Imperativsätze zu 1–6.

1. ● Ich gehe am Samstag ins Kino. (du / mitkommen / ?) ○ Hab keine Zeit.
2. ● Wir gehen am Mittwoch in den Zoo. (ihr / mitkommen / ?) ○ Ja, gerne.
3. ● Kim war heute nicht in der Schule. (du / anrufen / ihn / ?) ○ Klar, mach ich.
4. ● Samstags stehe ich um 7.30 Uhr auf. (du / auch / früh aufstehen / ?) ○ Nein, erst um 9.
5. ● Frau Meier, ich verstehe das Wort nicht. (Sie / bitte / es / erklären / !) ○ Das heißt …
6. *Frau Meier:* (Tom und Tina / vorspielen / den Dialog / bitte / !) *Tom/Tina:* Immer wir!

62 zweiundsechzig

WORTSCHATZ UND GRAMMATIK

4 Welche Wörter passen nicht?

1. am kleinsten – am liebsten – besser – am besten
2. lieber – weniger – gern – besser
3. vorne – hinten – rechts – immer
4. Kinder – Lehrer – Eltern – Großeltern
5. komm – iss – lies – ist
6. schreib auf – hört zu – schlagt nach – passt auf

5 Possessivartikel – Ergänze den Text.

mein – mein – ~~meine~~ – meine – meine – meinen – sein

Ich mag m<u>eine</u> Haustiere sehr. M_____ Hund heißt Foxi. Ich kaufe immer s_____ Hundefutter. Ich habe auch eine Katze. Manchmal gibt es Probleme. M_____ Katze mag m_____ Fisch sehr. M_____ Hund mag m_____ Katze „Garfield" nicht.

6 Biene und Rudi – Schreibe die Sätze.

Biene, die Ja-Schülerin

Rudi, der Nein-Sager

1. Sie macht <u>Hausaufgaben</u>. Er <u>macht keine Hausaufgaben.</u>
2. Sie lernt <u>Wörter</u>. Er _____
3. Sie <u>mag</u> ihre Deutschlehrerin. Er _____
4. Sie hört <u>deutsche Musik</u>. Er _____
5. Sie <u>spricht</u> gern Deutsch. Er _____
6. Sie kann <u>surfen</u>. Er _____

7 Ergänze die Verben in der richtigen Verbform.

suchen – lesen – lernen – hören – sein

1. Ich s_____ meinen Bleistift. Er ist nicht mehr im Mäppchen.
2. Rudi h_____ Radio und l_____ ein Comicheft.
3. Wir schreiben keine Wörterlisten, wir l_____ lieber mit den Kärtchen.
4. Rudi s_____ sein Deutschbuch. Es i_____ weg.

Alles Gute!

1. Zum Geburtstag
2. Gute Besserung!
3. 7. Mai
4. Bitte langsam!
5. MERRY CHRISTMAS
6. Zum Muttertag
7. Prosit Neujahr!

Karten von: Nadia, Simone, Irene, Theo, Andy, Stefano und Ruth

64 vierundsechzig

7

1 Welcher Text (a–g) passt zu welcher Karte von S. 64?

a

Liebe Tante Lisa und Onkel Karl,

wir wünschen euch auch im nächsten Jahr viel Glück und alles Gute.

Barbara und Jörg

Karte Nr. _____

b

Lieber Tommy,

schreibe das Datum auf und vergiss es nicht. An diesem Tag gibt es um 18 Uhr bei mir zu Hause eine Mega-Party und du bist natürlich eingeladen.

Erika

Karte Nr. _____

c

Liebe Frau Bäumler,

Sie sind die beste Deutschlehrerin und wir mögen Sie sehr, aber sprechen Sie doch bitte nicht so schnell!

Die Schüler der Klasse 7c

Karte Nr. _____

d

Liebe Mama,

alles Liebe zu deinem Fest wünschen dir deine Tochter Anja und dein Sohn Franz

Karte Nr. _____

e

Lieber Peter,

die besten Glückwünsche zu deinem 13. Geburtstag!

Dein Freund Jonathan

Karte Nr. _____

f

Liebe Evelyne,

aus London wünschen dir meine Eltern und ich frohe Weihnachten.

Deine Vera

Karte Nr. _____

g

Lieber Papi,

komm bitte bald aus dem Krankenhaus. Wir warten auf dich!

Vanessa und Jessica

Karte Nr. _____

2 Was ist wann? Höre und ordne zu.

1. Deutscher Nationalfeiertag
2. Internationaler Tag der Familie
3. Welt-Wasser-Tag
4. Österreichischer Nationalfeiertag
5. Welttierschutztag
6. Sankt Nikolaus
7. Internationaler Tag des Buches
8. Weltkindertag
9. Schweizer Nationalfeiertag
10. Internationaler Tag gegen Drogen

a) 26. 06.
b) 26. 10.
c) 01. 08.
d) 04. 10.
e) 03. 10.
f) 22. 03.
g) 20. 09.
h) 23. 04.
i) 06. 12.
j) 15. 05.

OKTOBER

3

Tag der deutschen Einheit

3 Das Monatsgedicht – Ergänze die Monatsnamen. Die Reime helfen dir.

Klaus hat Geburtstag, wunderbar,

gleich zu Beginn, im _____.

Vier Monate später, also im _____,

sind an der Reihe Elisa und Kai.

Raphael feiert nicht im September,

erst am Ende vom Jahr, im _____.

Eine Torte, ein großes Herz ♥

gibt's auf dem Fest von Gaby im _____.

Sandra wünscht sich einen Kuli

zu ihrem Geburtstag am 15. _____.

Eine Party im Sommer? Keine Lust!

Roland macht Urlaub im _____.

Im Oktober? Nein, erst im _____

feiert die Tochter von Familie Ember.

Feiert der Sohn von Onkel Bill

im Februar, Juni oder im _____?

In welchem Monat, an welchem Tag

feierst denn du deinen Geburtstag?

4 Eine Einladung am Telefon. Schreibe den Dialog nach der Dialoggrafik.

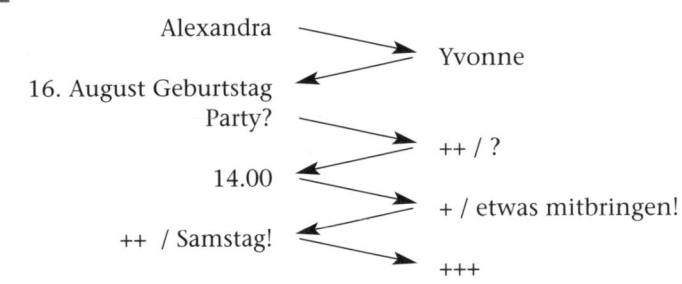

Alexandra → Yvonne

16. August Geburtstag
Party? →

← ++ / ?

14.00 →

← + / etwas mitbringen!

++ / Samstag! →

← +++

5 Die Textschlange – Markiere die Wortgrenzen. Lies dabei laut.

alexandra|hat|indensommerferienam16augustgeburtstagsiedarfdiesentagjedesjahrgroßfeiernsielädtihrefreundinneneinundsiefeiernzusammensieessendengeburtstagskuchendiemuttervonalexandrabacktimmerihrenlieblingskuchendenscholadenkuchendiesesjahrmit13kerzensietrinkenlimonadeundwasserdiepartybeginntgegendreidiefreundinnenbringenimmervielegeschenkemitdasgeburtstagskindfreutsichaufdasfestundaufdiegeschenkeundpacktsiealesofortaussiemachenauchmusikundspielen

6 Das Geburtstagsfoto – Höre zu. Wann haben Alexandras Freundinnen Geburtstag?

	Stefanie	Gabriela	Claudia	Yvonne	Sophie	Ute
Geburtstag	13. 12.					

7 Ein Telefongespräch – Ordne und schreibe den Dialog.

- Hallo, Alexandra, hier ist Roberta.
- Wir waren in Deutschland.
- Nein, ich war bei meinen Großeltern. Hattest du eine gute Party?
- Wer war da?

○ Fast alle waren da, Tina hatte ihren Bruder dabei. Der ist total süß!
○ Hallo, Roberta, bist du zurück? Wo wart ihr denn?
○ Warst du bei deiner Tante?
○ Ja, es war total super!

– Hallo, Alexandra, hier ist Roberta.

8 Markiere in 7 die Formen von *sein* und *haben* im Präteritum. Ergänze die Tabelle.

	sein	haben		sein	haben
ich	_____	hatte	wir	_____	_____
du	warst	_____	ihr	_____	_____
er/es/sie	_____	_____	sie/Sie	_____	hatten

9 Zwei Partyspiele – Ergänze die Modalverben.

Beiß den Apfel

darfst – darf – kann – kann – musst – muss

Du m_____ zuerst einen Partner / eine Partnerin suchen. Ihr steht euch gegenüber. In der Mitte, vor euren Nasen, hängt ein Apfel. Jeder Spieler m_____ jetzt versuchen, in den Apfel zu beißen. Du d_____ aber deine Hände nicht benutzen und dein/e Partner/in auch nicht. Das Spiel ist nicht einfach und k_____ ziemlich lange dauern. Wer zuerst richtig in den Apfel beißen k_____, d_____ den ganzen Apfel essen.

Blinde Kuh

darf – darf – muss – muss

Die Blinde Kuh _____ die Augen verbinden. Er oder sie _____ nichts sehen. Die Musik beginnt und alle tanzen. Die Blinde Kuh bekommt immer wieder einen neuen Partner. Plötzlich stoppt die Musik und die Blinde Kuh _____ raten: Wer tanzt mit dir? Der Partner _____ natürlich nichts sagen. Erkennt die Blinde Kuh den Partner, dann ist dieser die nächste Blinde Kuh.

DAS KANN ICH SCHON

1 Ich kenne die Jahreszeiten und Monate.   ☺ 😐 ☹

Ein Jahr hat vier _____: W_____, F_____, S_____, H_____ – und zwölf _____: Januar, _____

2 Ich kann das Geburtsdatum sagen. ☺ 😐 ☹

1. Elke 18.01.
2. Monika 26.03.   Monika ...
3. Georg 01.09.   Georg ...
4. Inge 31.05.   Inge ...

Elke hat am achtzehnten Januar Geburtstag.

3 Ich kann die Präpositionen *um*, *im* und *am* verwenden. ☺ 😐 ☹

Morgen – Winter – zwei Uhr – Juli – Wochenende – Donnerstagmorgen – Dezember

im _____
am   Morgen _____
um _____

Ich vergleiche meine Lösungen auf Seite 94. Mein Ergebnis ist: ☺ 😐 ☹

DAS FINDE ICH IN EINHEIT 11

1 Geburtstag: Präpositionen *im/am* und Ordinalzahlen

Elke hat **im** Winter Geburtstag.

Peter hat **am** achtzehn**ten** April Geburtstag.

1. am **ersten**
3. am **dritten**
4. am vier**ten**
...
7. am **siebten**
...
19. am neunzehn**ten**

20. am zwanzig**sten**
21. am einundzwanzig**sten**
...

2 Das Präteritum von *sein* und *haben*

	sein	haben		sein	haben
ich	war	hatte	wir	waren	hatten
du	warst	hattest	ihr	wart	hattet
er/es/sie	war	hatte	sie/Sie	waren	hatten

3 Modalverben

	können	müssen	dürfen
ich	kann	muss	darf
du	kannst	musst	darfst
er/es/sie	kann	muss	darf

4 Modalverben – Satzklammer

Ich	darf	bis 22 Uhr	aufbleiben.
Ich	muss	in die Schule	(gehen).
	Kann	er gut	skaten?

Wo ist die Toilette, bitte?

3

1 Schüler von der 7a stellen ihre Schule vor. Ordne die Fotos den Texten zu.

☐ Da sind wir in unseren Pausen. Eine Pause haben wir am Morgen, um Viertel vor zehn, und eine am Nachmittag, um Viertel nach drei. Es gibt einige Bänke zum Sitzen und viel Platz. Vor den Sommerferien organisieren wir hier ein großes Fest.

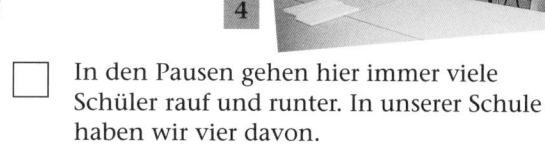

☐ Hier finden wir interessante Bücher! Die Bibliothekarin ist leider nicht die ganze Woche da.

☐ In den Pausen gehen hier immer viele Schüler rauf und runter. In unserer Schule haben wir vier davon.

☐ In dieses Zimmer im Erdgeschoss dürfen wir nicht rein! Da sitzen die Lehrer in den Pausen und Freistunden. Sie haben viele Zeitschriften zum Lesen und sogar eine Kaffeemaschine. Wir haben keine Kaffeemaschine im Klassenzimmer!

2 Was ist wo? Höre zu und ergänze die Zeichnung.

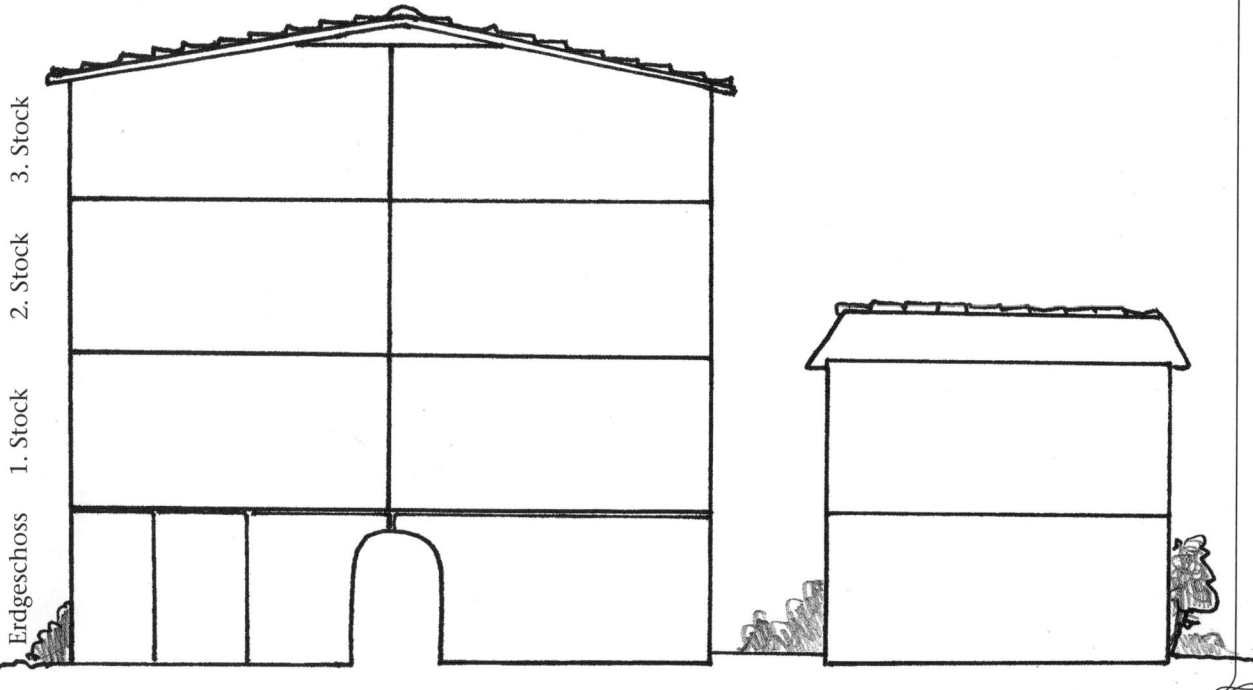

3 **Beschreibe die Schule von Aufgabe 2.**

Das Lehrerzimmer _ist im Erdgeschoss rechts._

Die Direktion _____

Der Geografieraum _____

Der Chemieraum _____

Die Bibliothek _____

Das Schwimmbad _____

4 **Schreibe die Begriffe zu den Zeichnungen. Schwer? Der Text unten hilft.**

die Treppe hoch   _____   _____   _____

dietrepperuntferlinksgeradeausdietreppehoch

5 **Wie fragst du freundlich? Es gibt mehrere Möglichkeiten.**

Du suchst die Direktion: _____

Du suchst den Musikraum: _____

Du suchst den Computerraum: _____

Du suchst das Schwimmbad: _____

6 **Betrachte das Bild und ergänze den Text auf S. 73.**

Cafeteria	Toilette	Computerraum	Schwimmhalle
Direktion			
Sekretariat		7a	
Hausmeister		Lehrerzimmer	

72 zweiundsiebzig

hinten links – hinten rechts – hinter der – hinter dem – vor der – vor der – geradeaus – links – rechts

Die Cafeteria finden Sie im Erdgeschoss _____. Das Lehrerzimmer ist am Eingang _____. Der Hausmeister, die Direktion und das Sekretariat sind _____. Das Sekretariat ist _____ Direktion und _____ Hausmeister. Die Direktion ist _____ Cafeteria. Die Toiletten? Gehen Sie hier immer _____. Der Computerraum ist ganz _____, _____ Klasse 7a.

7 Du bist in der Cafeteria. Ergänze die Dialoge. Die Bilder in 2 und 6 helfen.

1. ● Entschuldigung, ich suche den Musikraum. ○ _____
2. ● Entschuldigung, wo ist der Hausmeister? ○ _____
3. ● Ich suche die Klasse 7a. ○ _____
4. ● Entschuldigung, wo ist hier die Bibliothek? ○ _____
5. ● Gibt es zwei Computerzimmer? ○ _____
6. ● Ist der Chemieraum auch im Erdgeschoss? ○ _____

8 Kurz • oder lang – ? Hör zu und markiere den Wortakzent.

Biblioth*e*k – Eingang – Cafeteria – Hausmeister – Sekretariat – Direktion – Schulhof – Treppe – Erdgeschoss – Toilette

9 Lies den Comic von S. 70 noch einmal. Zeichne die Wege ein: •••• richtig, →→→ falsch.

Sporthalle	Klasse 7a	Klasse 7b	Cafeteria	WC
			Lehrerzimmer	
	Sekretariat	Klasse 6a		
Computerraum			Klasse 8a	
	Direktion	Klasse 6b		
Hausmeister			Klasse 8b	

Eingang

12

10 Chaos bei Rudi – Ergänze die Präpositionen und Artikel.

auf dem – auf dem – auf dem – auf dem – hinter den – in der – neben dem – unter dem – unter dem – unter dem – vor dem

Rudi steht _____ Tisch, der Computer steht _____ Stuhl und der Stuhl steht _____ Tisch. _____ Stuhl liegt ein Comicheft _____ Tisch und _____ Comicheft liegt die Brille von Rudi. _____ Tisch, _____ Boden liegen und stehen Bücher und _____ Büchern schläft Turbo. _____ Tisch liegt seine Schultasche und _____ Schultasche stecken Rudis Handy und CDs. So ein Chaos! Wie kann Rudi da seine Hausaufgaben machen?

✗ DAS KANN ICH SCHON

1 Ich kann Wegbeschreibungen verstehen.   ☺ 😐 ☹

Höre zu und schreibe die Räume in das Bild.

74   vierundsiebzig

2 Ich kann Wegbeschreibungen geben. ☺ 😐 ☹

Ergänze die zwei Dialoge. Die Zeichnung in 1 (S. 74) hilft.

● E_____, w_____ ist d_____ Sekretariat?
○ Das ist hier r_____, n_____ d_____ Direktion
   und v_____ d_____ Hausmeister.
▲ E_____, ich s_____ d_____ Computerraum.
○ Der ist l_____, n_____ d_____ Musikraum.
▲ D_____.

Ich vergleiche meine Lösungen auf Seite 94. Mein Ergebnis ist: ☺ 😐 ☹

DAS FINDE ICH IN EINHEIT 12

1 Wo ist/liegt/steht …? – Präpositionen mit Dativ.

hinter – vor

Cora sitzt hinter
dem Schreibtisch.
Rudi steht vor
dem Schreibtisch.

unter – auf

Boris liegt unter
dem Bett.
Turbo liegt auf
dem Bett.

neben – in

Turbo sitzt in
der Schultasche.
Biene steht neben
der Schultasche.

2 Bestimmter Artikel im Dativ

Singular	Dativ	Artikel + Präposition
der	dem	(an dem) am Eingang, auf dem Tisch
das	dem	(in dem) im Computerzimmer
die	der	vor der Cafeteria, in der Direktion
Plural		
die	den	in den Zimmern, auf den Treppen

fünfundsiebzig 75

Reisen, reisen, reisen

*Alle wollen in die Ferien,
niemand will zu Hause bleiben,
jeder hat nur eins im Kopf:
reisen, reisen, reisen.*

Manchmal hat man nur zwei Tage
und so macht man mit dem Zug,
mal nach München oder Dresden,
einen Wochenendausflug.

Refrain

Viele lieben lange Reisen,
fahren quer durch ganz Europa,
andere wollen nicht weit weg,
fahren nur zu Oma und Opa.

Refrain

Wohin fährst du dieses Jahr?
Lieber ans Meer oder in die Berge?
Auf einen Campingplatz am See
oder in eine Jugendherberge?

Refrain

5

1 Höre das Lied. In welcher Reihenfolge kommen die Bilder im Lied vor? Notiere die Buchstaben. Wie lang dauert die Reise von Rainer und seinen Freunden?

Die Reise dauert: Z _ _ _   W _ _ _ _ _

2 Fünf Freunde aus München planen ihre Reise. Wohin wollen sie fahren? Wo liegen die Städte? Arbeite auch mit der Landkarte im Kursbuch.

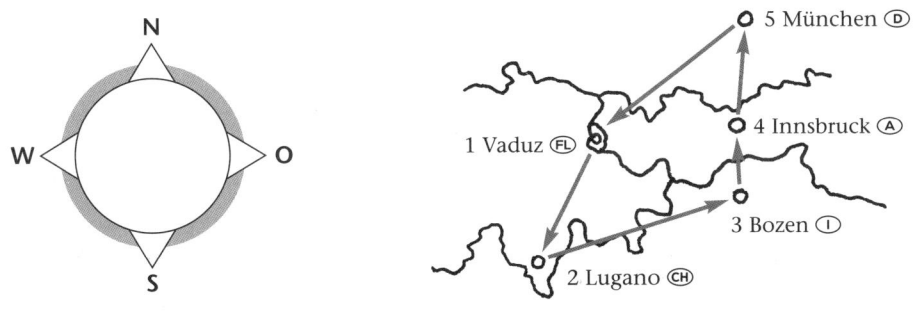

1. Zuerst fahren sie nach Vaduz. Vaduz liegt in der Mitte von Liechtenstein.

2. Dann _____

3. Dann _____

4. Danach _____

5. Zum Schluss _____

3 Was machen die fünf in Liechtenstein?
Höre die Dialoge 1–3 und ordne die Grafiken a–d zu. Eine Grafik passt nicht.
Im Kursbuch auf S. 80/81 findest du Hilfen.

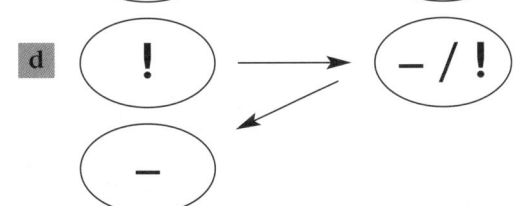

a ! → –/!
b ! → +
c ! → –
d ! → –/!
      ↓
      –

Dialog   1   2   3
Grafik ____ ____ ____.   Grafik ____ passt nicht.

siebenundsiebzig 77

10

4 Jugendherberge Lugano – Lies den Text und kreuze 1–10 an: richtig oder falsch?

Jugendherberge Lugano (Südschweiz)

porträt / details / ausflüge / kontakt & reservation

Porträt

Die Jugendherberge Lugano liegt in einem schönen Park. Hier kannst du faulenzen, schwimmen, Volleyball, Badminton, Tischtennis oder Boccia spielen.

Von März bis November bist du willkommen. Wir haben Zimmer für 2 bis 10 Personen und drei Ferienwohnungen mit Küche. Wir servieren dir gerne das Frühstück, du kannst es aber auch selbst mitbringen. Für Ausflüge kannst du auch ein Lunchpaket bestellen.

Die Jugendherberge liegt nördlich von Lugano. Vom Bahnhof oder vom Stadtzentrum kann man sie mit dem Bus (Linie 5) erreichen. Von der Bushaltestelle Crocifisso bis zur Jugendherberge braucht man zu Fuß drei Minuten.

Weitere Informationen zur Jugendherberge:
www.luganoyouthhostel.ch

1. [r] [f] Die Jugendherberge liegt in der Südschweiz.
2. [r] [f] Sie liegt westlich von der Stadt.
3. [r] [f] Vom Bahnhof zur Jugendherberge sind es zu Fuß drei Minuten.
4. [r] [f] Sie ist das ganze Jahr offen.
5. [r] [f] Sie liegt in einem Park.
6. [r] [f] Es gibt ein Schwimmbad.
7. [r] [f] Man kann auch Tennis spielen.
8. [r] [f] Man kann in der Jugendherberge frühstücken.
9. [r] [f] Alle Zimmer haben zwei Betten.
10. [r] [f] Es gibt auch Wohnungen mit Küche.

13

5 Florian reserviert Zimmer. Hör zu und fülle den Anmeldezettel aus.

```
ANTWORT - REPONSE - RISPOSTA - REPLY

Plätze reserviert vom                    bis                              für
Lits réservés du                         au                               pour        ♂        ♀
Letti riservati dal         _____ 20___  al       _____ 20___             per
Beds reserved from                       till                             for
_____
☐ Übernachtung inkl. JH-Schlafsack/Nuitée, sac de couchage compris                 à _____
  Pernottamento, compreso sacco-letto AG/Overnight incl. YH sleeping bag
☐ Frühstück/petit déjeuner/                                                        à _____
  colazione/breakfast
☐ Lunchpaket/lunch à emporter/                                                     à _____
  sacchetto-lunch/packed lunch
☐ Nachtessen/dîner/                                                                à _____
  cena/dinner
☐ selber kochen/cuisiner/          ☐ nicht möglich/pas possible/                   à _____
  cucinare/self-cooking               non possibile/not possible
☐ Kurtaxen/                                                                        à _____
  taxes/tasse

Plätze werden ohne besondere Abmachungen nur bis 19.00 reserviert.
Sans avis préalable, les lits ne seront réservés que jusqu'à 19.00 h.
Senza avvisi preventivi, i letti saranno riservati solamente fino alle 19.00 h.
Unless agreed upon beforehand, beds will be reserved only till 19.00 h.

                              Plätze frei bis zum                  und ab
Die JH ist besetzt            Places libres jusqu'au               et dès le
L'AJ est occupée    ☐         Posti liberi fino al  _____      e dal
L'AG è occupata               Free places until                    and from
The YH is fully booked
Hausschuhe obligatorisch !  / Pantoufles obligatoires !  / Pantofole obbligatorie !  / Slippers are a must!
Bemerkungen/Notes/
Note/Remarks: _____

_____

Datum/Date/Data: _____  Unterschrift/Signature/Firma: _____

Imp. Heng SA - Chx-Fds - 94 - 30000
```

6 Was machen die Jugendlichen in Bozen?
Wohin gehen oder fahren sie?

in die (4) – in den (5) – ins (1) – nach (7) – an den (2)

1. Anita geht zuerst _____ Altstadt von Bozen.
   Sie geht _____ Dom und _____
   Stadtmuseum. Dann fährt sie mit dem Bus _____
   Meran und geht _____ Gärten von Schloss Trauttmansdorff.

2. Rainer und Ramona fahren _____ Osten von Südtirol, zuerst
   _____ Bruneck und dann weiter _____ Toblach.
   Dort gehen sie _____ Wälder und _____ See.

3. Rainer und Jonas fahren _____ Süden, _____ Kalterersee,
   und gehen von dort _____ Naturpark Trudner Horn.

4. Rainer und Florian wollen wandern gehen. Sie fahren _____ St. Ulrich, ins Grödental,
   und von dort gehen sie zu Fuß _____ Berge.

5. Am Donnerstag geht es dann _____ Norden von Südtirol und _____ Österreich. Die Fahrt führt von Bozen _____ Brixen und dann weiter über den Brennerpass
   _____ Innsbruck.

neunundsiebzig 79

7 Was machst du im Urlaub oder in der Freizeit? Wohin gehst oder fährst du?
a Ergänze die Artikel.

- d____ Rhein – Safaripark – Osten – Tanzkurs – Schwarzwald – Bodensee
- kein Artikel Salzburg – Deutschland
- d____ Meer – Museum – Hotel – Konzert – Schwimmbad – Aquarium – Theater
- d____ Schweiz – Disco – Nordsee – Ostsee

b Schreibe die Nomen zu den passenden Präpositionen.

in den *Schwarzwald* _____
in die _____
ins   _____
an den _____
an die _____
ans   _____
nach   _____

c Was machst du? Markiere in 7b oder ergänze deine Aktivitäten.

8 Essen in Innsbruck – Hör zu. Was notiert der Kellner?

1 Hamburger

9 Im Restaurant schreibt Ramona eine Postkarte. Was schreibt sie? Ordne 1–9 und schreibe den Text.

1. Es gibt viele alte Häuser 2. und warten gerade auf das Essen.
3. deine Freundin Ramona 4. die Altstadt von Innsbruck
5. und viele Gassen und Plätze 6. ist sehr schön und interessant.
7. mit kleinen Cafés und Restaurants. 8. Bis bald
9. Wir sitzen hier in der Sonne – Liebe Astrid,

Liebe Astrid,
die Altstadt von I

80 achtzig

DAS KANN ICH SCHON

1 Am Telefon nach Informationen fragen.   ☺ ☹ ☹

1. ● W_____ kaufen? ○ Du kannst den Ausweis in der „Juhe" kaufen.
2. ● W_____ Übernachtung? ○ € 13,90 inklusive Frühstück.
3. ● W_____? ○ Wir haben 5-Bett- und 4-Bett-Zimmer.
4. ● W_____ Mittagessen? ○ Von 12.00 bis 13.30 Uhr.
5. ● K_____ Billard _____? ○ Ja, Tischtennis und Basketball auch.

2 Ich kann etwas bestellen.   ☺ ☹ ☹

1. ● Ja, bitte? _____
2. ● Was möchtet ihr? _____
3. ● Sonst noch etwas? _____

Ich vergleiche meine Lösungen auf Seite 94. Mein Ergebnis ist: ☺ ☹ ☹

DAS FINDE ICH IN EINHEIT 13

1 Richtungsangaben

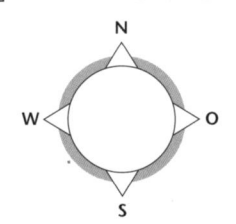

Wo liegt ... ?

Hamburg liegt im Norden von Deutschland.
München liegt im Süden von Deutschland.
Luzern liegt in der Mitte von der Schweiz.

2 Wohin? – *in, an, nach*

Wir fahren	... in den Thüringer Wald.	... an den Bodensee.	... nach Hamburg.
	... ins Ruhrgebiet.	... ans Meer.	... nach Wien.
	... in die Alpen.	... an die Ostsee.	... nach Basel.

3 Modalverben → S. 69

Infinitiv:	wollen	mögen (möchten)
ich	will	möchte
du	willst	möchtest
er/es/sie	will	möchte
wir	wollen	möchten
ihr	wollt	möchtet
sie/Sie	wollen	möchten

einundachtzig 81

Berufe-Memory

A

BERUFE	der Pilot	(Bild)
BERUFE	BERUFE	die Krankenschwester
(Bild)	die Tänzerin	(Bild)
der Regisseur	BERUFE	(Bild)

B

(Bild)	die Kindergärtnerin	der Polizist
die Sängerin	BERUFE	(Bild)
(Bild)	der Astronaut	BERUFE
BERUFE	BERUFE	(Bild)

C

ER MACHT MAUERN.	BERUFE	(Bild)	SIE ARBEITET AN DER KASSE.
(Bild)	(Bild)	ER HILFT KRANKEN MENSCHEN.	(Bild)
SIE ARBEITET ZU HAUSE: SIE KOCHT UND PUTZT.	(Bild)	ER KENNT VIELE BÜCHER.	BERUFE

Memory von: Ella, Deborah, Alex
(Scuola Media Massagno)

82 zweiundachtzig

7

1 Ein Interview mit Natascha. Welche Überschrift passt?

1. Ein Schultag
2. Ein Ferientag
3. Ein Sporttag
4. Ein Wochenende

2 Lies die Aussagen. Höre noch einmal und mache Notizen. Kreuze bitte an.

1. [r] [f] Sie steht sehr früh auf.
2. [r] [f] Sie hat keine Geschwister.
3. [r] [f] Sie frühstückt mit ihrem Bruder.
4. [r] [f] Sie geht allein ins Schwimmbad.
5. [r] [f] Sie spricht gern mit ihren Freundinnen.
6. [r] [f] Sie hat viele Aufgaben zu Hause.
7. [r] [f] Sie geht an den See.
8. [r] [f] Sie schwimmen immer im See.
9. [r] [f] Sie sieht gern fern.
10. [r] [f] Ihre Mutter kommt um 18 Uhr 30 nach Hause.

3 Jennifers Tag – Ordne bitte den Text. Höre dann zu und kontrolliere.

Mein Tagesablauf sieht in den Ferien etwas anders aus. Ich stehe immer spät auf, so gegen 9 Uhr. Das mag meine Mutter nicht. Zuerst frühstücke ich und dann wasche ich mich und ziehe mich an. Am Vormittag helfe ich meistens meiner Mutter:

1. Bei uns gibt es immer um 18 Uhr 30 Abendessen. Wir, meine Eltern, mein Bruder und ich, essen und reden. Später sehen wir auch fern.
2. aufräumen, Geschirrspülmaschine leeren, Tisch decken. Zweimal in der Woche gehe ich nach dem Mittagessen babysitten bei den Nachbarn.
3. Dreimal in der Woche gehe ich zum Schachkurs,
4. Gegen 22 Uhr muss ich dann ins Bett. Ich darf leider nie länger aufbleiben.
5. ich besuche schon den dritten und ich kann ziemlich gut spielen. Ich muss jetzt viel üben für das nächste Turnier.
6. Ich treffe Freundinnen in der Stadt, lese, spiele Playstation oder schreibe meinem Brieffreund in Österreich.
7. Ich bekomme 4 Euro in der Stunde. So habe ich etwas Taschengeld. Am Nachmittag ist dann immer viel los:
8. Ich finde Schachspielen super, ich lerne dabei, mich immer besser zu konzentrieren, und das hilft auch für die Schule!

Nächste Woche beginnt das Schachturnier, aber leider auch die Schule!

Reihenfolge: [2] [ ] [ ] [3] [ ] [ ] [ ] [ ]

4 Was macht Natascha? Schreibe Sätze mit *immer, oft, nie, manchmal, meistens*.

1. nie / sie / aufstehen / um sieben Uhr
2. sie / immer / müssen / raus / mit dem Hund
3. sie / meistens / ihr Zimmer / aufräumen
4. sie / oft / das Mittagessen / kochen
5. sie und ihre Freundinnen / oft / im See / schwimmen
6. sie / manchmal / ihrer Mutter / helfen
7. im Zimmer / sie / meistens / lesen / Musik hören / und

Sie steht nie um sieben Uhr auf.

_____

_____

_____

_____

Manchmal _____

Meistens _____

8

5 Reflexive Verben – Markiere im Text von Jennifer und notiere die Infinitive.

sich waschen _____ _____ _____

6 Reflexivpronomen üben – Wähle die richtigen aus.

1. Wir kennen _____ seit der ersten Klasse.   sich-uns-euch
2. Boris freut _____ auf die Geburtstagsparty.   sich-dich-mich
3. Jennifer und Natascha freuen _____ auf die Ferien.   uns-euch-sich
4. Corinna trifft _____ mit ihren Freundinnen.   dich-sich-mich
5. In den Ferien duscht _____ Natascha immer lange.   sich-dich-uns

7 Pronomen üben – Ergänze die Dialoge.

1
● Hallo, Peter, um wie viel Uhr treffen wir _____ morgen?
○ Geht es um zwei?
● Prima! Ich freue _____.

2
● Siehst _____ heute Nachmittag Marc?
○ Nein, _____ kann nicht, aber _____ kommt um sechs zum Turnier.
● O.k., _____ komme ja auch und kann _____ auch sehen.

3
● Was möchtet _____ essen?
○ _____ will nur Pommes.
▲ _____ auch, aber ohne Ketschup.
● _____ seid ja langweilig!!

84 vierundachtzig

14

8 Aus Nataschas Interview – Ergänze die Pronomen.

dich – ich – ich – ich – ihr – ihr – sie – uns – uns – ~~wir~~ – wir – wir

- ● Meine Mutter kann oft in der Mittagspause nicht nach Hause kommen, dann kochen **wir**, mein Bruder und _____, etwas für _____.
- ○ Und am Nachmittag hast du Zeit für _____?
- ● In den Sommerferien gehe _____ oft mit meinen Freundinnen an den See. Es ist immer sehr lustig und _____ amüsieren _____: Wir hören Musik, reden über Jungs und schwimmen im See, wenn das Wasser nicht zu kalt ist.
- ○ Bleibt _____ lange am See?
- ● Ich bin immer um 18 Uhr wieder zu Hause und dann sitze _____ gemütlich vor dem Fernseher.
- ○ Und wann esst _____ zu Abend?
- ● Meine Mutter kommt immer um 18.45 Uhr von der Arbeit zurück und dann kocht _____. Ich helfe ihr manchmal und dabei reden _____ über alles.

9 Das Wochenende von Boris – Schreibe einen Text.

Samstag	Sonntag
5.00 aufstehen	14.00 aufstehen
6.00 duschen / sich anziehen	15.00 ins Kino
6.30 Frühstück	19.00 Abendessen
7.00 skaten	22.00 ins Bett / Musik

17

10 Das Berufe-Memory von S. 82. Was passt zusammen? Ordne Bilder und Berufe zu.

A

	1	a
		2
b	3	c
4		d

B

e	5	6
7		f
g	8	
		h

1 b, _____

fünfundachtzig **85**

11 Berufe-Memory – Ordne Beschreibungen und Berufe zu. Bild C auf S. 82 hilft.

der Maurer – die Hausfrau – der Arzt – der Bibliothekar – die Kassiererin

Beschreibung (Nr.)   Beruf

1. Er hilft kranken Menschen.   _____
2. Er macht Mauern.   _____
3. Sie arbeitet zu Hause: Sie kocht und putzt.   _____
4. Er kennt viele Bücher.   _____
5. Sie arbeitet an der Kasse.   _____

12 Kreuzworträtsel – Thema „Berufe" (ß = SS)

Waagerecht (→):

1. Er repariert Autos.
2. Er zeichnet Pläne für Häuser, Kirchen, Schulen …
3. Mein Hund ist krank, ich bringe ihn zu ihm.
4. Wir sehen sie in Filmen, aber auch im Theater.
5. Er spielt in einer Mannschaft mit zehn anderen.
6. Er fährt Leute mit dem Auto. Sie bezahlen ihn.
7. Er macht Brot und Brötchen.
8. Sie verkauft ihre Produkte auf dem Markt.
9. Wer Probleme mit den Zähnen hat, geht zu ihm.

Senkrecht (↓):

Sie unterrichtet Zahlen.

13 Nomen und Verben – Höre zu und notiere die Wörter. Höre noch einmal und markiere den Wortakzent.

Verben   Nomen

aufwachen _____   _____

_____   _____

14

DAS KANN ICH SCHON

1 Ich kann Personen beschreiben. ☺ 😐 ☹

Schreibe drei Texte.

1. Peters Vater – 50 – Mathematiklehrer – Gymnasium – Lesen
2. Anna – 30 – aus Berlin – Polizistin – 2 Kinder
3. Herr Brügger – Bäcker – 3.00–10.00: arbeiten – Rad fahren

2 Ich kann beschreiben, was ich wann mache. ☺ 😐 ☹

Ich stehe um 7 Uhr auf.

Ich vergleiche meine Lösungen auf Seite 94. Mein Ergebnis ist: ☺ 😐 ☹

DAS FINDE ICH IN EINHEIT 14

1 **Modalverben im Satz** → trennbare Verben S. 45, S. 69/81

Ich	muss	immer früh ins Bett	gehen.
Ich	darf	manchmal lange	ausschlafen.
Ich	darf	am Abend nicht allein nach Hause	zurückgehen.
Am Nachmittag	muss	ich meistens Hausaufgaben	machen.
Ich	will	später Architekt	werden.
Am Montag	möchte	ich nicht in die Schule	gehen.

2 **Personal- und Reflexivpronomen** → S. 15/27

Personalpronomen	Nominativ	ich	du	er	es	sie	wir	ihr	sie/Sie
	Akkusativ	mich	dich	ihn	es	sie	uns	euch	sie/Sie
Reflexivpronomen		mich	dich	sich	sich	sich	uns	euch	sich/sich

3 **Reflexive Verben**

sich duschen	Ich dusche mich.	Er duscht sich.
sich treffen mit	Ich treffe mich mit Petra.	Er trifft sich mit Ute.
sich kennen	Wir kennen uns seit zwei Jahren.	Sie kennen sich seit zwei Jahren.
sich ärgern über	Ich ärgere mich über den Mathetest.	Er ärgert sich über den Test.

siebenundachtzig **87**

Mein Haustier

Mein Haustier ist lieb. Es heißt Olga. Wenn ich in seinen Stall komme, wackelt es mit den Ohren. Sein Stall liegt genau gegenüber von meinem Arbeitszimmer. Meistens bringe ich Olga ihr
5 Fressen und setze mich dann an meinen Schreibtisch. Am Mittag mache ich mit ihr einen kleinen Spaziergang. Wir gehen zusammen ins Einkaufszentrum. Dort binde ich sie bei den Fahrrädern an. „Sei brav", sage ich
10 zu ihr und Olga wackelt mit den Ohren. Sie hat die schönsten Ohren der Welt. Wenn ich eingekauft habe, was ich brauche, binde ich Olga los, und wir gehen zusammen nach Hause. Ich brauche nicht viel. Trotzdem nehme ich einen
15 kleinen Karren mit. Die meisten Einkäufe sind für Olga. Ich kaufe ihr Heu und ziehe es auf dem Karren nach Hause. Dann geht Olga in ihren Stall und ich in mein Arbeitszimmer. Aber vorher lege ich Olga ihr Heu in den Stall und Olga wackelt
20 mit den Ohren. Wenn ich an meinem Computer sitze, blickt sie zu ihrem Stallfenster hinaus und sieht mir bei der Arbeit zu. Mein Arbeitszimmer liegt im zweiten Stock. Wenn ich in die Küche hinunter will, um mir einen Kaffee zu machen,
25 muss ich ins Erdgeschoss. Ich setze mich dann auf Olgas Hals und sause in die Küche hinunter. Das geht gut, denn Olga ist eine Giraffe und ihr Stall ist das Treppenhaus. Und wisst ihr, was Olga macht, wenn ich auf ihrem Hals hinuntersause?
30 Richtig! Woher wisst ihr das?
Habt ihr auch eine Giraffe zu Hause?

Franz Hohler

1) Olga wackelt viermal mit den Ohren. Warum? Was macht ihr Besitzer? Ergänze die Sätze.

1. Er _____ in den Stall.
2. Er _____ „Sei brav" zu ihr.
3. Er _____ Olga Heu in den Stall.
4. Er _____ _____ auf ihrem Hals.

2) Zu vielen Traditionen gibt es alte Kinderreime. Höre zu und ergänze.

komm mal her, ich sag dir was: – wenn sie aber keine macht, – ich will auch immer artig sein. – sieh mich nicht so böse an, – Lustig ist die Fastnacht, – Laufe nicht an mir vorbei,

Lieber, guter Weihnachtsmann,

_____

stecke deine Rute ein,

_____

_____

wenn meine Mutter Küchlein macht,

_____

pfeif ich auf die Fastnacht.

Osterhäschen, Osterhas,

_____

_____

schenk mir doch ein buntes Ei!

3 Ferienpläne
a Ergänze die Präpositionen und die Artikel, falls notwendig.

Bald dürft ihr _____ Urlaub fahren. Wohin fahrt ihr?

Ich fliege _____ Argentinien zu meinen Großeltern.

Und du? Fährst du wieder _____ _____ Süden?

Und ich fahre _____ _____ Berge, _____ Österreich.

Klar, _____ Meer, aber ich suche noch ein Kinderhotel.

b Wer sind die fünf Schüler im Comic? Schau in den Einheiten 2 und 8 im Arbeitsbuch nach.

4 Sieben Fragen an Frau Majek. In jeder Antwort ist etwas falsch. Was? Hör zu und markiere.

Die meisten Gäste …
1. … sind: Familien – Gruppen – Ehepaare – Schulklassen – Einzeltouristen
2. … kommen aus: England – den USA – Spanien – Deutschland – Australien
3. … kommen mit: dem Auto – dem Mofa – dem Flugzeug – dem Fahrrad – dem Zug
4. … bleiben: einen Monat – zwei Wochen – eine Woche – zwei Tage – drei Tage
5. … reservieren: Wohnungen – Einzelzimmer – Doppelzimmer – 3er-Zimmer
6. … machen/besuchen: Ausflüge – Ausstellungen – Sport – nichts – Wanderungen
7. … spielen: Volleyball – Badminton – Basketball – Tischtennis – Fußball

5 Was darfst du? Was musst du? Was darfst du nicht? Schreibe etwas von dir.

aufräumen
früh aufstehen
Hausaufgaben machen
kochen
laut Musik hören
auf Partys gehen
anziehen, was ich will

spät ins Bett
ausschlafen, so lange ich will
so lange fernsehen, wie ich will
babysitten
so lange lesen, wie ich will
allein zurückkommen
mich mit Freunden treffen

Ich darf ☺ _____

Ich muss 😐 _____

Ich darf nicht ☹ _____

6 Ergänze die Reflexiv- und Personalpronomen im Akkusativ.

Handy-Manie

Wir langweilen u_____ :   Wer ruft u_____ an?

Sie langweilt s_____ :   Ruf s_____ mal an.

Er langweilt s_____ :   Er ruft m_____ an.

Du langweilst d_____ :   Ich ruf d_____ an.

Ihr langweilt e_____ :   Ruft u_____ doch an.

Ich langweile m_____ :   Wo ist denn mein Handy???

TESTTRAINING 11–15

Hier kannst du dich selbst testen.

1. Mache zuerst alle Aufgaben.
2. Kontrolliere dann die Lösungen auf S. 95.
3. Markiere zum Schluss dein Ergebnis in der Tabelle auf S. 96.

HÖREN

1 Termine – Höre zu. Welcher Dialog (a–d) passt zu welchem Kalenderblatt? Notiere.

12. 4.   18. 6.   3. 5.   24. 2.

2 Wo sind der Computerraum, die Direktion und das Lehrerzimmer? Höre zu und ergänze.

2. Stock	Cafeteria		Bibliothek
1. Stock		Biologieraum	Musikzimmer
Erdgeschoss	Hausmeister	Sekretariat	

WORTSCHATZ UND GRAMMATIK

3 In der Schule – Schaue das Bild von Aufgabe 2 an und ergänze den Dialog.

● E_____g, ich s_____ d_____ Cafeteria.
○ Sie ist _____ _____ Stock, n_____ d_____ Lehrerzimmer.

4 Was wünschst du in solchen Situationen? Ergänze die Wünsche.

1. Dein Freund hat Geburtstag.	_____ Glückwunsch _____ Geburtstag!
2. Deine Freundin hat einen Test.	Viel _____!
3. Es ist der 25. Dezember.	Frohe _____!
4. Deine Freunde fahren in die Ferien.	_____ Reise!
5. Die Kinder suchen versteckte Eier.	_____ Ostern!
6. Das sagt man vor dem Essen.	Guten _____!

5 Ergänze die Modalverben.

1. Er k_____ prima Gitarre spielen. Er spielt schon seit drei Jahren.
2. Ich k_____ nicht ins Schwimmbad. Ich m_____ noch lernen.
3. Peter hat Geburtstag: Er d_____ alle seine Freunde einladen.
4. D_____ wir in den Ferien nach Wien? – Ja, in der zweiten Woche.
5. Es ist schon 22 Uhr! Ihr d_____ jetzt nicht mehr fernsehen! Ihr m_____ schlafen!
6. M_____ Sie auch mitkommen? – Nein, danke, ich habe keine Zeit!

6 *Haben* und *sein* im Präteritum – Ergänze den Dialog mit den passenden Verbformen.

- ● Hallo, Bea, wo _____ du gestern?
- ○ Ich _____ krank.
- ● Was _____ du?
- ○ Ich _____ Fieber … Du, wie _____ eigentlich die Party?
- ● Die Musik _____ nicht super …
- ○ Und das Essen?
- ● Das _____ toll! Pizza, Pommes, Torten, Schokoladencreme …
- ○ Hmm … Schade!

LESEN

7 Nonja, das Naturtalent – Lies den Text und die Aussagen. Kreuze an: richtig oder falsch?

Im Wiener Zoo in Schönbrunn lebt ein Orang-Utan-Weibchen: Nonja. Sie ist 1976 geboren. Nonja kann malen. Die Malstunden finden ein- oder zweimal pro Woche am frühen Morgen statt, ihr Pfleger-Lehrer ist auch immer dabei.
Nonjas neunzig Kilo schwerer Partner Vladimir kann nicht malen, er mag aber Bleistifte sehr und frisst sie. Nonja arbeitet mit Bleistiften, Buntstiften, Kreide und Pinseln. Sie malt auf festes Papier oder aufgespannte, weiße Leinwand.
Bilderpreise: Das glaubst du nicht! Die Preise für ein Originalbild von Nonja liegen zwischen 250 und 2000 Euro! Zwei ihrer schönsten Bilder wurden 1996 in einem Hotel in Los Angeles versteigert.

1. [r] [f] Nonja lebt in Österreich.
2. [r] [f] Sie hat keinen Kunstlehrer.
3. [r] [f] Ihr Freund Vladimir ist kein Maler.
4. [r] [f] Nonja steht früh auf.
5. [r] [f] Die Malstunden sind immer am Nachmittag.
6. [r] [f] Nonja braucht keinen Kuli.
7. [r] [f] Nonjas Bilder kann man nicht kaufen.

DAS KANN ICH SCHON – LÖSUNGEN

Kontrolliere die Lösungen und zeichne die Ergebnisse – ☺, 😐 oder ☹ –
in die Tabelle auf S. 96 ein.

Einheit 1
1 1. Wie 2. Was 3. Wer

2 ● Hallo, Erika!
   ○ Guten Tag, Frau Raab, wie geht's?
   ● Danke, gut, und dir?
   ○ Danke, auch gut.
   ● Auf Wiedersehen, Frau Raab!
   ○ Tschüs, Erika.

Einheit 2
1 1. Wo 2. Woher 3. Wie

2 ich bin   ich wohne   ich habe   ich kann
   du bist   du wohnst   du hast   du kannst
   er/es/sie ist er/es/sie wohnt er/es/sie hat   er/es/sie kann

Einheit 3
1 1. Wo wohnt 2. Wohnt Maria

2 der Elefant   ein Fernseher   kein Fußball
   das Haus   ein Bild   kein Geld
   die Gesamtschule eine Brille   keine Information

Einheit 4
1 1. halb fünf 2. Viertel vor vier 3. zehn vor elf

2 vier – zwölf – achtzehn – zwanzig – dreißig –
   fünfunddreißig – siebenundsechzig – (ein)hundert

3 ich spiele   ich bin   ich habe   ich kann
   du spielst   du bist   du hast   du kannst
   er/es/sie spielt er/es/sie ist er/es/sie hat   er/es/sie kann
   wir spielen   wir sind   wir haben   wir können
   ihr spielt   ihr seid   ihr habt   ihr könnt
   sie/Sie spielen sie/Sie sind   sie/Sie haben   sie/Sie können

Einheit 6
1 2. ein – ein 3. keine 4. keinen – ein

2 2. deinen – meinen – mein 3. ihren 4. seinen – ihre

Einheit 7
1 2. Holt ihr mich um 14 Uhr ab?
   3. Stehst du am Wochenende früh auf?
   4. Kommst du am Mittwoch mit ins Schwimmbad?

2 2. Ich mag keine Pizza und ich kann nicht kochen.
   3. Ich habe keinen Hund und keine Fische.
   4. Er muss nicht früh aufstehen.

Einheit 8
1 1. gut – besser 2. gern – lieber 3. gern – lieber

2 2. Am Sonntagmorgen gehe ich ins Schwimmbad.
   3. Wir spielen heute Fußball.
   4. Meine Freunde treffe ich am Wochenende.

Einheit 9
1 1. Sprechen Sie 2. Sprich 3. Hör 4. Lesen Sie
   5. Gib 6. Geh/Komm

2 Hermann ist ihr Mann. Ute ist ihre Tochter. Lutz ist
   sein Sohn. Michael und Ute sind seine Geschwister.

Einheit 11
1 Ein Jahr hat vier Jahreszeiten: Winter, Frühling,
   Sommer, Herbst – und zwölf Monate: Januar, Februar,
   März, April, Mai, Juni, Juli, August, September,
   Oktober, November, Dezember.

2 2. Monika hat am sechsundzwanzigsten März
      Geburtstag.
   3. Georg hat am ersten September Geburtstag.
   4. Inge hat am einunddreißigsten Mai Geburtstag.

3 im: Winter, Juli, Dezember – am: Morgen, Wochenende, Donnerstagmorgen – um: zwei Uhr

Einheit 12
1

Klassenzimmer der 6b	Toilette	Hausmeister
Bioraum		
Computerraum		Sekretariat
Musikraum	↑	Direktion

2 ● Entschuldigung, wo ist das Sekretariat?
   ○ Das ist hier rechts, neben der Direktion und vor dem
     Hausmeister.
   ▲ Entschuldigung, ich suche den Computerraum.
   ○ Der ist links, neben dem Musikraum.
   ▲ Danke.

Einheit 13
1 1. Wo kann ich den Ausweis 2. Was / Wie viel
   kostet die 3. Wie viele Betten haben die Zimmer
   4. Wann gibt es 5. Kann man … spielen

2 1. Ich nehme/möchte eine Cola. 2. Wir möchten ein
   Käsebrot. 3. Nein, danke.

Einheit 14
1 Beispiele: 1. Peters Vater ist 50 Jahre alt. Er ist Mathematiklehrer an einem Gymnasium. Sein Hobby ist
   Lesen. 2. Anna ist 30 Jahre alt und kommt aus Berlin.
   Sie ist Polizistin und hat zwei Kinder. 3. Herr Brügger
   ist Bäcker. Er arbeitet von 3 Uhr bis 10 Uhr. In seiner
   Freizeit fährt er Rad.

2 Beispiele: Ich gehe ins Bad. Ich dusche (mich). Ich frühstücke. Ich trinke Kaffee/… . Ich gehe um halb acht
   zum Bus. Ich höre abends Musik. Von 4 bis 6 spiele ich
   Fußball.

94 vierundneunzig

TESTTRAINING – LÖSUNGEN

Testtraining 1–5

Markiere die richtigen Lösungen mit einer Farbe.
Wie viele sind es?
62–47 = ☺   46–31 = 😐   30–0 = ☹
Zeichne das Ergebnis in die Tabelle auf S. 96 ein.

1 22.20 – 19.30 – 6.15 – 17.45

2

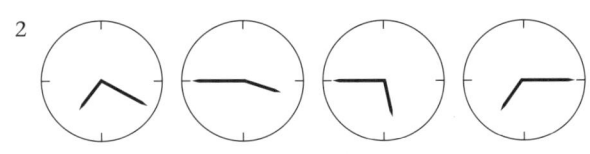

3 Gr<u>ie</u>chenland – D<u>eu</u>tschland – Schw<u>ei</u>z – Türk<u>ei</u> – <u>Ö</u>sterreich – Schw<u>e</u>den – P<u>o</u>len – Fr<u>a</u>nkreich

4 1, 12, 21, 10 bis 45 ist schon da, 17 bis 60 ist schon da, 71, 35, 85 bis 91 ist schon da, 18, 11, 41 bis 32 ist schon da, 27, 13, 52 ,1 – Du siehst ein Krokodil: 1 Punkt

5 1b – 3c – 4a

6 Montag – Dienstag – Mittwoch – Donnerstag – Freitag – Samstag – Sonntag

7 1. Wie 2. Wo 3. Woher 4. Wer 5. Wie 6. Was

8 wir/sie/Sie können – du bist – er/es/sie/ihr wohnt – wir/sie/Sie schwimmen – ich spiele – du kommst – du/er/es/sie/ihr heißt – ich/er/es/sie mag – du magst – ich bin – er/es/sie ist – ich habe

9 Nurja <u>wohnt</u> in München. Sie <u>ist</u> zwölf … Ihre Familie kommt <u>aus</u> der Türkei. Sie <u>kann</u> Deutsch … Sie <u>hat</u> zwei Hobbys … Sie kann auch <u>kochen</u> … Sie mag <u>Tiere</u>, ihre Katze heißt Mitzi und ist <u>sieben</u> Jahre alt.

10 ● Hallo, wie heißt du?
   ○ Petra, und du?
   ● Rudolf, und wer ist das?
   ○ Biene.
   ● Wie bitte?
   ○ Ja, Biene. Sie heißt richtig Sabine.
   ● Aha, magst du Rap?
   ○ Ja, und Hip-Hop und Klassik, und du?
   ● Ich höre nur Rap!

Testtraining 6–10

Markiere die richtigen Lösungen mit einer Farbe.
Wie viele sind es?
56–43 = ☺   42–28 = 😐   27–0 = ☹
Zeichne das Ergebnis in die Tabelle auf S. 96 ein.

1 Klaus, Bora, 13 (Jahre), grau
   Maria, 5 Kanarienvögel, X, X, gelb/grün/blau
   Urs, Katze, X, 10 (Jahre), schwarz
   Pascal, 2 Fische, X, 1 (Jahr), rot

2 ● Hallo, Susy.
   ○ Tag, Markus.
   ● Kommst du mit schwimmen?
   ○ Wann?
   ● Am Samstag.
   ○ Um wie viel Uhr?
   ● Um 16 Uhr.
   ○ Da kann ich nicht. Da habe ich Gitarrenunterricht.
   ● Und um 13 Uhr?
   ○ Ja, das geht.
   ● Ich hole dich um eins ab.
   ○ Prima.

3 1. Kommst du mit? 2. Kommt ihr mit? 3. Rufst du ihn an? 4. Stehst du auch früh auf? 5. Erklären Sie es bitte! 6. Tom und Tina, spielt bitte den Dialog vor!

4 1. besser 2. gern 3. immer 4. Lehrer 5. ist 6. schreib auf

5 … <u>Mein</u> Hund heißt Foxi. Ich kaufe immer <u>sein</u> Hundefutter … <u>Meine</u> Katze mag <u>meinen</u> Fisch sehr. <u>Mein</u> Hund mag <u>meine</u> Katze „Garfield" nicht.

6 2. lernt keine Wörter. 3. mag seine Deutschlehrerin nicht. 4. hört keine deutsche Musik. 5. spricht nicht gern Deutsch. 6. kann nicht surfen.

7 1. suche 2. hört – liest 3. lernen 4. sucht – ist

Testtraining 11–15

Markiere die richtigen Lösungen mit einer Farbe.
Wie viele sind es?
40–31 = ☺   30–20 = 😐   19–0 = ☹
Zeichne das Ergebnis in die Tabelle auf S. 96 ein.

1 12.4./Dialog b – 18.6./Dialog c – 3.5./Dialog d – 24.2./Dialog a

2 2. Stock: Lehrerzimmer – 1. Stock: Computerraum – Erdgeschoss: Direktion

3 ● <u>Entschuldigung</u>, ich <u>suche</u> die Cafeteria.
   ○ Sie ist <u>im zweiten</u> Stock, <u>neben dem</u> Lehrerzimmer.

4 1. <u>Herzlichen</u> Glückwunsch <u>zum</u> Geburtstag!
   2. Viel <u>Glück</u> (Erfolg)! 3. Frohe <u>Weihnachten</u>!
   4. <u>Gute</u> Reise! 5. <u>Frohe</u> Ostern! 6. Guten <u>Appetit</u>!

5 1. kann 2. kann – muss 3. darf 4. Dürfen
   5. dürft – müsst 6. Möchten

6 ● Hallo, Bea, wo <u>warst</u> du gestern?
   ○ Ich <u>war</u> krank.
   ● Was <u>hattest</u> du?
   ○ Ich <u>hatte</u> Fieber … Du, wie <u>war</u> eigentlich die Party?
   ● Die Musik <u>war</u> nicht super …
   ○ Und das Essen?
   ● Das <u>war</u> toll! …

7 Richtig: 1, 3, 4, 6

fünfundneunzig 95

DAS KANN ICH SCHON — TESTTRAINING
AUSWERTUNG

Das sind meine Ergebnisse:

😊															
😐															
☹															
Einheit	1	2	3	4	5	6	7	8	9	10	11	12	13	14	15

Mein Kommentar zu den Ergebnissen:

_____

_____

_____

Quellen

S. 4 Mariotta (2)
S. 5 o.: 1 VW-Archiv, 2 Rohrmann, 3 Scherling, 5 Sturm
M.: 1–3 © Polyglott Verlag, 4 Keller, 5 Rohrmann
S. 8 a © Greenpeace/ Dave Adair
b Zoo Zürich
c Mariotta
S. 11 Mariotta
S. 12 Lanz (2)
S. 13 © Polyglott Verlag GmbH, München
S. 15 Daly
S. 18 Rohrmann (5)
S. 19 Sturm
S. 24 Mariotta (6)
S. 29 Mariotta
S. 32 Kraft Foods Schweiz Holding AG
S. 33 b White Star
c Okapia
S. 38 Mariotta (4)
S. 40 Comic: von Allmen
S. 43 Mariotta
S. 46 Keller (3)
S. 47 Keller (2)
S. 50 a/e Keller, b–d Lanz
S. 52 1 Galli, 2 Mariotta, 3 Mauro, 4 Muadianvita
S. 54 Mariotta (2)
S. 58 Gedichte aus: Josef Guggenmos: Was denkt die Maus am Donnerstag? 1998 Beltz Verlag, Weinheim und Basel, Programm Beltz & Gelberg, Weinheim
S. 60 o.: Keller (5)
u.: Sturm
S. 64 Keller
S. 67 Loglio (2)
S. 68 l.: Loglio, r.: Daly
S. 70 Comic: von Allmen
S. 71 Mariotta (4)
S. 76 v. o. n. u.: E Funk, W Scherling, I © Polyglott Verlag GmbH, München, O White Star, C/Z Keller, E IFA, W Daly, H Sulzer
S. 77 © Amt für Volkswirtschaft, Vaduz
r.: IFA
S. 78 Keller (3)
S. 79 Karte: © Schweizer Jugendherbergen
Foto: IFA
S. 80 Rief
S. 83 Mariotta (3)
S. 86 Daly
S. 88 Text "Mein Haustier": Franz Hohler
S. 89 o.: Loglio
M.: Daly
u.: Scherling
S. 90 Comic: von Allmen
Fotos: Keller (2)
S. 93 Kirchner